小学五年学級経営
子供の活動ははじけるごとく

学芸みらい教育新書⑫

向山洋一
Mukoyama Yoichi

学芸みらい社

まえがき

教師にとって授業こそ生命線である。教師は授業の中でこそ、子供を成長させることができる。

一年間に一〇〇〇時間もの授業をするわけである。この一〇〇〇時間もの時間の中で子供は学び育っていく。教育の根本は、第一に授業であり、第二に学級経営である。

第一に、ではどんな授業をめざすのか。教師は「討論の授業」に憧れる場合が多い。最近、「アクティブラーニング」の大切さが強調され始めた。「アクティブラーニング」とは「討論の授業」である。「学び合い」というなまぬるいものではない。

かつて雪谷小学校で五年の学年を組んだ時がそうであった。私と師尾氏そして、若い男性が二人いた。私の他の三人は、それぞれに「討論の授業」に憧れ、成立させようとしていた。討論の授業ができる教師になりたい——とことあるごとに話していた。お互いに授業も見てみた。私から見ても、それぞれに「討論の授業」らしいものができていたのである。

学年チームの四名が、それぞれ「討論の授業」をしているとしたら、これは驚きである。どのクラスでも、討論の中心となっていたのは、前年度の四年生で私が担任していた子供たちであった。文字どおり論争の中心になっていた。

三名の教師が「討論の授業」をできた最大の理由は「討論の授業を見た」つまり、「向山の討論の授業」を見たからなのだ。だからこそ、討論の授業のイメージをつかみ、自分なりに「討論の授業」を組み立てられたのである。

教師にとって、自分の知らないことを知り、イメージをふくらませることは、技量を高めるうえでも極めて重要である。

本書を通して、様々な教育実践に対するイメージをふくらませていただきたい。

第二に、学級経営の基本的な心構えとして、子供への思いを深く自覚してほしいということである。

たとえば、子供のことで保護者が相談にみえることがある。保護者も教師の多忙さを慮って、「先生、お忙しいでしょうが、実はうちのことでご相談があるのですが……」と話す。

確かに教師は忙しいが、いかに忙しくても子供のことは何よりも優先すべきである。原則として「子供のことより大切である忙しさ」など、学校現場にはないのである。まして、保護者が学校に来て、教師に相談を持ち込むとなると、それはよほどのことだ。とりあえずは、話を聞くべきである。

そして、その子の問題を解決するためにもっとも良い方法は何かを真剣に保護者とともに模索し、実行することだ。「子供のこと」に力を尽くした教師なら、それなりの結果が必ずあらわれるといってよい。

本書は、私の五年担任時代の授業や学級経営の場面を掲載した。内容のほとんどは学級通信をもとにしている。五年担任は十回近く経験してきたが、本書では比較的若い時期の実践を取り上げた。そのため、複数年度の実践が混在しているが、お含みおき願いたい。

本書が読者の皆様に再びお役に立つことを願っている。

目次

第3章 裏文化を教室へ 57

第1章

子供と出会う

1　開幕のドラマ

学級担任が決まり、最初の授業の日に何をするかでその後が決まる。ある年、私は変わった方法をとった。

座席を決め、印刷物を配り、早速授業をした。最初の授業は自分の名前を漢字で三回書かせることである。一人一人持ってこさせ、だめなのはやり直しを命じる。実は〝ゆとり〟とやらがあれば、これだけを一週間やりたいのだ。そうもいかぬから、さわりでおしまいである。

このことだけで、その子の性格、学習態度、今までの積み重ね、はては家庭の机の上の様子まで、大体分かる。むろん概略である。百発百中とはいかぬが、九〇％は当たる。「机の上がいつも乱雑なんだろう」「まちがえるとやだと思って手を挙げないだろう」などと言うと、ほとんどの子はうなずいていた。

当たり前のことだが、字がしっかりとしており、ていねいで、三つとも乱れないのがいい。斜めになったり、最後の方がだらけたりしているのは、自分の名前をたった三回書くことすら耐えられないのだ。書き直しをさせると大体しっかりしてくる。しかし一向に変わらない子がいる。実は、これが難物なのだ。こうした子は、ある線までくると伸びなくなる場合が多い。一〇歳にして、すでにパターンが強固にかたまっているからだ。その後、ノートを書く時、きちんと書くよう話した。

次は算数だ。その日は勉強ができないといわれるAさんがよく手を挙げ、大活躍だった。つられたように他の子も挙げ出し、全員が挙げる場面も何度か見られるようになった。「うちの子は手を挙げない」と調査票に書いた保護者もいたが、あれは見落としだろう。みんな手を挙げる。それとも、Aさんのせいか。Aさんのおかげで、彼がさっさか手を挙げ答えてしまうから、みんなもそうなったのか？　前日と格段にちがっていた。

4＋2　を聞き、ついで、4m＋2　を聞いた。

答えがとても傑作だ。6mとか、6とか答える。みんなまちがいである。

実はこれは〈できない〉が正解である。または〈4mと2〉と答えるしかない。後者が六、七名おり、ほめてあげた。計算器でもできることをやる子を算数ができると思いがちであるが、基本を考え考えやる子でないと、こういうのは手が出ない。

次に①4÷2　②4m÷2　③4÷2m　④4m÷2m　を出す。

①は2　②は2m　③はできない　④は2が答えである。〈できない〉という便利な答

えを覚えた子は、②も③も④も〈できない〉などと書く。正解、それぞれ一〇名前後である。「少し自信なくなったか?」と聞くと、うなずいている。

次は①4×2　②4m×2　③4×2m　④4m×2m　である。①、②は正解が多かった。しかし、③をできないとする子がほとんどである。3×2は2×3　と同じ、3+2は2+3　と同じことは、昔やっているのだ。交換の法則(a×b=b×a　a+b=b+a)は、掛け算、足し算のみに成立する。交換の法則は、割り算、引き算では成立しない。したがって③は8mである。本日一番の見物《みもの》は④である。全員が〈できない〉というのだ。4m×2mはできる。答えは8㎡である。長方形の面積である。それを言うと教室はどよめいた。

この授業の論理の中に、少しあぶなっかしい点もあるが、これはこれでいいだろう。「8m×2mができない」と追い込まれるところがなんともいえない。

2　自己紹介（「スナイパー」第一〇号　一九七七年四月六日）

学級通信「スナイパー」に自己紹介を書いた。次がその一部である。

質問ー「教育信条は?」

差　別…「ひいき、差別が存在する教室での『教育』は、教育ではない。それは口先だけで、なくすことはできず、教師が必死になって、なお存在するほどの強固なものである。」

可能性…「すべての人間には、限りない可能性がある。それを信ずる頑固さにおいて、それを具現化する執念において、自分は他のいかなる人よりも劣りはしないと信じる。」

平　等…「教室における平等とは、どの子も一人ももれなく『先生は私をひいきしてくれた』と思える状態を創ることである。」

創　造…「教育とは、何かを創造していく、可能性を引き出していく闘いである。のんべんだらりとやったり、惰性でやったり、形式的にやったりしてできる代物ではない。何もないと思えるところからでも、何かを引っぱり出すような、きわめて激しい闘いである。」

連　帯…「教育とは、教師と親と子供が、連帯してこそ成り立つものである。〈先生におまかせします〉は、結果として教育の放棄である。」

優等生…「学習は、正直さ、誠実さがあってこそ、飛躍的に伸びるのであるが、いわゆる〈優等生〉は、この二つがふつうは欠如している。いわゆる〈優等生〉の学力は、ふつうは質が低く、発展性も乏しい。教室を支配するそうした質の低さの否定から、教育は出発する。」

質問2「その他もろもろは?」

(1)　遊び

けん玉　かなりうまい。〝投げけん〟連続一〇回ぐらい。

めんこ　名人級。〝だし〟で、めんこの角が一㎜見えれば出せる。

ビー玉　現役時代は五mなら当てた。

ベーゴマ　修業不足。

こま　ふつう手の平には百発百中のせられる。
麻雀　教師仲間ではプロ並という。むろん、他の人の技量が低すぎるから。盲碑は全部できる。
パチンコ　御存知のとおり。かつては〝とる〟つもりでやってたからうまかった。今は空白の時間のためだからとられてばかり。
囲碁　三〜四段程度。中三の時に教えられ一週間で教えた相手をぬいた。
将棋　初段程度。五歳で覚えたわりには伸びない。

(2)　スポーツ

陸上　中・高とクラブ活動、一〇〇m一二秒ぐらい、走り高跳び一m六〇cmぐらい。今は当時をしのばせるものは何一つない。
野球　少年野球チームのピッチャー。現在はまるでまるで下手。
卓球　中学時代に東京一の友人がいて、教師になって中村がいて（全日本教育系大学大会一位、東京都教職員大会一位）、サークルの石黒が卓球クラブにいたせいで少々。調布大塚小学校で優勝したことがある程度。
水泳　大学まで泳げなかった。四泳法泳げないと卒業できないので、苦心の策略

その他

により合格。海はまるでだめ。二級ぐらいか？

登山はひどくだめ。ウインタースポーツ興味なし。家人に言わせると、運動能力はよいが、運動神経はわるいとのこと。

3　保護者へのごあいさつ（「スナイパー」第一〇号続き）

「私は教師渡世を稼業としている」と書いた。

私は「子供が好きである」「子供のために何かしてやりたい」というような考えで教師になったのでもなければ、現にそういう考えで教育をしているのでもない。極端に言えば、そういう考えは全くないし、そうした優美な考え方も嫌いである。

教師になったのは、自分自身のためである。他のいかなる職よりも、教育という営為が、私の生きている証を刻んでくれると思ったからであり、自己の存在感が実感できると思ったからである。

そうした自己の生きている証を刻みつけることが、結果として、子供によかった場合もあるかもしれない。しかしこの〈原因〉と〈結果〉は逆転できるものではない。同じようでいて、全く似て非なるものである。〈りんごが食べたいから食べる〉のと、〈健康を維持するのに必要だからりんごを食べる〉ぐらいのちがいはある。

そもそも〈稼業〉が楽しいなんてのはめったにない。囲碁も将棋も楽しいゲームだが、それを〈稼業〉としたら話は別だろう。〈好きではあるけれど苦しい〉と、棋士は一様に述べている。これは、どんな〈稼業〉でも同じだろう。〈好き〉ではあるし〈楽しい〉時もあるにちがいないが、〈苦しい〉と思う方が多いにちがいない。

その職に徹すれば徹するほどそうであろう。芸とか腕とか技術とか学問とかは、そうした中で少しずつ創造されてきたものであると思う。楽しいのは、アマチュアのうちである。プロになれば、話はちがってくる。

「跳び箱のとべない子だけを集めて、それが三〇人までなら、一五分で三〇人全員を跳び箱がとべるようにしてやる」こんなことを私はよく言う。実演してみせたこともある。これがプロの腕であり、どれほどスポーツの得意な保護者が、どれほどの時間をかけてもできるものではない。

クラスの中で、何かを教えて、六割、七割までなら保護者でもできよう。「大体できた。教育なんてちょろいものだ」と思いがちである。ところが、それから先が大変なのだ。困難は幾何級数的にふえる。

前のクラスで三八名全員を二五m以上泳げるようにした。残りの一名二名は、三六、七名教えた総量より時間も労力も腕も必要とする。しかし、そうした厚い壁を超えた時こそ、超えた本人も見ていた人間も、人間の可能性の永遠《とこしえ》なるを実感でき、困難に挑戦する意欲も生まれるのである。

スナイパーは狙撃兵の意である。ターゲット〈標的〉は何か。自分自身と教育の実態すべてである。私は、弱く、甘く、未熟な教師だ。その自分の弱さを射続けることこそ、この稼業で渡世する自分に課した責務である。

どの稼業もそうであるように、教育もまた、多くの低俗なガラクタと少数の珠玉から成り立っている。したがって私は、教育の実態を、そのすべてを（自分自身を含め）まず疑ってみることにしている。

前任校でＰＴＡの会長さんと、したたかに酒を飲んだことがある。酔ってはいたが、その時の彼の言葉を今も忘れない。「向山先生。先生だから言うけどね、酔っちゃったから言うけどね、初めて担任が分かるまでは、親としちゃあ、どこの馬の骨か分からぬ人間に大切な子供を預けるかと思うと心配で心配でしようがないんだ」と話したのである。

その時から、私は、親にとって教師は〝どこの馬の骨か分からぬ〟という面があることを、肝に銘じようと思った。子と親との絆に比べれば、教師なぞ人生の一時期を通過するだけの、代替可能の〝馬の骨〟なのだと思った。私の心にあった思いあがり、傲慢、いやらしさを、もう一度洗い流そうと思った。

私だって男一匹、あらゆる未来に対する可能性の中から、教師を選んだのである。教師稼業は、私にとっては、人生そのものなのだ。

〝馬の骨〟にしかすぎないのかどうかは、長い時間をかけねば分からないであろう。五〇年後に分かることだってある。そして、事実、多くの子供は、どんなに優れた教師であっても、そこを通過していくのである。想いを時のかなたに置き去っていくのである。そうでなければ、子供は成長していかないのだ。

だから、私は、教師とは空しいものだと思う。空しさが教育の本質だから、よけい空しいのである。しかし、やはり私はそうした空しい営為ではあっても、自分の人生を賭けてみたいのだ。

4　跳び箱が跳べた！

私は、担任して第一回の体育の時間に、跳び箱が跳べない子を跳ばせることにしている。跳べた子にも、見ていた子にもこのシーンは印象的である。

次に紹介するのは、五年生を担任していた時の子供たちの作文である。

○R・Y

先生が「とびばこ」と言ったので、私はドキッとしました。みんなが次々にとんでいました。とうとう私の番になりました。私はべつに不安ではなかった。それは、先生の言ったことを信じたからです。先生は自信にあふれていました。そして先生が「できなかった人だけ集まりなさい」と言いました。私がいちばん初めでした。ドキッドキッとしました。何回もやりました。その時先生は、いっしょうけんめいやっていたので、私もいっしょうけんめいやったらできました。先生はすごいです。だって、四分で四人を全部とべるようにしました。私たちは「すごい」と言いました。とてもうれしかったです。

○N・N

学校で二時間目に体育があった。最初に、とび箱をやった。その時四人がとべなかった。先生に、とび方のコツなどを教えてもらいながら四人は練習した。私たちはそれを見ていた。三人の人がとびこえた。とべた！　でもその時、一人だけがとべなかった。また、先生と練習しているととべた。最初にとべた人とのちがいの時間は、たった一～二分あったかないか。

○T・A

体育の時間に、とび箱をとべなかった人が四人いた。さすがに向山先生だけはあって、四分とはたいしたことだが、本人もやる気じゅう分でやっていることはわかる。いちばんうれしいのは本人だと思う。ふつうの先生が四分でできるようにしたら自分で自分をほめるようにするぐらいなのに、向山先生ときたら「プロの教師」とかいって、あたりまえのようなかっこうをしているからたまんない。ぼくも、何かできないものにちょう戦してみたくなった。

たかが跳び箱である。考えようによっては、つまらないことである。しかし、たかが跳び箱でも、それを教師にほめられたのが忘れられず、オリンピックの選手になった人もいれば、敬愛する坂本先生のように、跳べなくて旧制中学を落ちた人もいる。その旧制中学は、跳び箱が跳べることを絶対の条件にしていた。

ところで、私にとっての跳び箱の教育的位置は多少ちがう。教師一年目の時に、ある研究会で女性の教師から、分厚い作文集を見せられた。そのクラスで全員が跳べるようになるまでの記録である。跳べない子をみんなではげまし、跳ばせるまでの十数時間の体育の授業の記録である。その仕事の量に、熱気に感激したものだった。私も子供をはげましたり、おこったり、腕力にものを言わせたりしながら何時間かかっても跳ばせるようにした。

斎藤喜博という群馬県の島小の校長の本を読んでいたら、「私は、一時間のうちに全員跳び箱をとばせられる」と書いてあった。私は、そのようなことを言った人をその時まで知らなかった。少なくとも今まで読んだ何百冊かの教育の本と、何千人かの教師の実践記録の中には、一つとしてなかった。

「一時間で全員とばせます。」そう言い切れる自信。その境地に私も立ってみたかった。

それは技術だけのことではない。単に跳び箱だけのことではない。子供の可能性を頑固に信じ、一つ一つの仕事をやりとげていく中でしか言うことのできない境地であった。

私が同じことを人前で言い、やってみせるまでに、五年間の月日が必要であった。私のやり方と斎藤氏のやり方が同じかちがうか分からない。彼は技術のことなど書いてないし、私もまた、そのようなことを求めなかったからだ。

次のような文を書いたことがある。

「しかし、教育の仕事はもともと時間がかかるわけだから、手品のようにはいかない。水泳ができるようになるには、それなりの労力も時間もかかる。

その労力と時間の偉大さは、本人と教師しか知らない。六級から五級になるのでさえ、そのために費やした労力と時間の大きさのゆえに子供は全身で喜びを表す。

しかし他人は、身近な母親でさえ、『まだ五級なの。もっとがんばりなさい』とこともなげに言う。そこに払われた一人の子供の労力、時間、苦労はそれで終わる。親は多くの場合、頂上を見て子供をせきたてる。

しかし、子供と私は、一歩進むのさえ全力を傾け、全精力をすりへらす。いや、全力を傾けてさえ一歩しか進めない。教師のプロとは、その一歩を進ませられるかどうなのかだと思う。そんなささやかな前進に、全てを賭ける職業を、私は選んでよかったと思っている。……」

全員が跳べた日に「今日のことで感じたことがあったら作文に書いてきなさい。スナイパー(当時の学級通信)にのせてあげます」と帰りぎわに言った。翌日持ってきた子は全員のせた。

先に紹介した作文を見て分かるように、見ていた子供もまた成長したのだ。「やればできるんだ」「困難に挑戦したくなった」「私もがんばらなくてはならないと思いました」などと言っているのである。一人の子供の成長は、クラス全員の成長につながる。それが教室である。一対一の教育では得られぬものが教室にはある。

突破した困難が大きければ大きいほど、与える影響も大きい。漢字テストでいつも〇点をとっている子がいた。その子が六年の後半に一〇〇点をとり出した。それ以後クラスのほとんどの子は一〇〇点をとり出し、それまで優秀だった子が八〇点で最低点となるようなことがおきたのだ。このクラスでも程度の差はあれ、すべての子が障害をかかえ、なんらかの作用を及ぼしている。それが目立つと俗に問題児と言われる。

私は、そのような各自の障害、またはいわゆる「問題児」こそ、クラスの前進の源であり、宝であると考えている。何も問題もなく障害のないところでは、淡い感動しか得られず、大きな飛躍の場が得られないからだ。保護者たちに話したら「今なら実感として、心から分かります。当時は半信半疑でした」と言っていた。そうかもしれない。

　芭蕉が、それまでの安定した生活を捨てて旅に出た気持ちがこのごろ分かる。不安定な旅の状態に身をおかねば、創造できなかったものがあるのだろう。彼の作品で評価されているのは、高名で弟子も多く安定した生活の中で創られたものではない。旅以後である。

　向山学級卒業生の四代目が三代目をぬけるとすれば、このクラスに三代目以上の困難が存在する時である。

5　これでも応えねば親の仁義に反します

教師の誠実な問いかけには、保護者も応えてくれる。

一九七五年、調布大塚小学校転任一年目のことである。五年生の三〇名の保護者の出席で、第一回の保護者会は開かれた。次はその時の記録である。

その日の朝「お母さんね、すごくいそがしい仕事をかかえてるんだけど、どうしても先生に会いたいんだって」「先生、大丈夫？　ママの方がそわそわしてるよ」などと知らせてくれる子供たちもいた。私もなんとなく心が落ちつかなかった。

この保護者会での、私自身の教師としての生育歴、教育観、学級経営の方針に寄せられた圧倒的な支持にほっとしている。迷演説にもかかわらず、よく理解してもらえたと感謝している。大四小（大森第四小学校）での七年間が、より子供にとって価値ある教師になりたいと共闘した日々が、無駄ではなかったと思っている。大四小で、苦楽を共にした数十名のかつての仲間と（そのほとんどは青年教師であった）、この喜びを分かち合いたいと思っている。私は、調布大塚小の教育に全力をつくすつもりだが、その原点が大四小にあることは、まちがいのない事実だからだ。

聞きながら、顔が赤らんでしまうような支持ぶりもあった。

そんなに価値ある教師でないことを、自分がよく知っている。わずか一ミリの成長でさえ、そこにはものすごい努力と苦心が必要であることを、私はよく知っている。学級通信「エトセトラ」だって、いつまでもは続かないことをよく知っている。〈自分の目標は一〇〇号です。〉そして、教育とは、とりわけ学校教育とは、学校教師集団、学年教師集団の支えがなければ、成立しないことをよく知っている。「もし『エトセトラ』なんか出してはだめだ」という人が一人でもいれば、私の実践は大きくゆがんでしまったにちがいない。

しかし、そうしたことを、あえて知った上で、この過ぎた期待に、私は応えていきたいと思う。超人的な、天才的な人間にしか応えられないこのことを、俗人中の俗人、凡人中の凡人の私にできないことは、はなから分かっている。しかし、それを追い求める果てしのない過程こそ、教育だと思うからである。多大な労力の中で生まれる、かすかな（目にさえ見えないかすかな）変化こそ、教育そのものであると思うからである。そんな空しさを求めていくことを、私は稼業に選んだのである。

保護者会、最後のあいさつを紹介する。
「私は、担任すると『大切なお子さんを確かにお預かりしました』と言うのが例でした。しかし、今度は言えなかったのです。こわくて、取ってくわれそうな気がしてたからです。今日、みなさんのお話をうかがって安心しました。第一回の保護者会を終えるにあたり、私は、心から言わせてもらいます。『大切な、本当に大切なお子さんを、向こう一年間、確かにお預かりいたしました。』」

Bさんの保護者からの便り
「これでも応えねば親の仁義に反します」
エトセトラNo.１の時。〃何先生になったの？〃〃新しいカッコイイ先生よ。はいこれ！〃
これが向山先生との最初の出会いである。仲々センスのある、威勢のいい先生のようだ。
幼稚園から一年〜四年まで、ずっと女の先生とばかりつき合って来た。父親のいない娘にとって、男らしさ、男性の雄々しさ素晴らしさを知って欲しいと願う。「出会い」の真の意味の未だ理解できないであろう娘が、成人して懐しく思い出し、真の「出会い」の意味が分かるまで、このエトセトラを大切にとっておいてやろうと思う。
週に一度でも嬉しいと思っていたのだが、毎日とはありがたい。先生の御努力は大変だろうと思い、仕事の忙しさを口実に、年に一、二回しか学校へ行かない非教育（卑怯）ママも、この先生には、大いに期待を抱いて、一昨日まで、塾へやった方がよいのかと悩んでいたのもふっ飛んでしまう。勉強だけでなく、学問する態度、生きることの素晴らしさを子供に教えていただけるような気がして、人生にいささかくたびれた母親は、肩の重荷が半減したように、軽い気持ちを抱く。

エトセトラNo.4の時。娘〝ママ、また転んじゃった〟母〝消毒して薬をつけなさい。エトセトラは？〟娘〝痛いのよとっても！〟母〝消毒すればひとりでに治るわよ。エトセトラ、早く出しなさい〟

エトセトラNo.5、6の時。〝今日は二枚よ。明日先生は前の学校へいらっしゃるから〟娘〝娘が痛がってるというのに！　もうエトセトラ見せない〟

〝向山先生の口調を借りて言えば〟、〝これで先生の呼びかけに応えねば、親としての仁義に反します〟というものである。

向山から

ありがたいことである。いそがしさと文を書く苦痛をこえての投稿。感謝します。本当に！　ほとんどの家庭で、エトセトラをファイルしてあるとか。私の未熟さだけが残るようで恥ずかしいのですが、でも、これは、私たちだけのミニコミです。前任校の学級通信も、保護者はそうされていたみたいです。

エトセトラは発行部数、約一〇〇部です。購読申し込みはもっとあるのですが、かんべんしてもらってます。内訳は、調布大塚小保護者四二名、教師一〇名、大四小教師一〇名、山王、赤松、矢東等区内の教師二〇名、旧保護者一一名、他府県五名、保存用五です。紛失されても予備はありません。

第2章

成長の条件

子供の成長を助けるには、ある指導が必要だ。やみくもにやっても、かえって害になることもある。逆に、すっきりとした見通しをもつと、人間は自分で変革をしていく。

私は、保護者と子供に次のような通信を書いたものだ。

1 愚直の一念 ——頭のいい人は見えすぎる——

春休みに、二階の窓から道路を見ていた。

五年生くらいの男の子と三年生くらいの男の子が、じゃんけんをして勝つと前に進める遊びをしていた。兄弟らしく、母親もいた。兄はのんびりした感じで、弟はかしこそうな感じである。弟が何度も勝って、差が二〇ｍもついた。

よく見ると弟の方はずるをするのである。兄に何を出したか聞き、「パー」と答えると、本当はグーなのに、「チョキだよ」と言って前に進むのである。差はひらくばかりである。

それを見ながら〈この弟は伸びないな〉と思った。ごまかしやずるをする人間は、ある程度まで来ると、必ずだめになる。時間が経つと必ずボロが出てくる。これは信念に近い教師の実感である。

春休みに読んだ『知的生活』という本にも同じようなのがあった。子供の時に将棋を覚えた時の話で、ズルをしながら勝っていた人間は半年でだめになったということである。過日の毎日新聞にも「愚直の一念」ということで、東大医学部の教授になったOさんという人の話が出ていた。この人など二〇年ごしに人の後を歩いていたという。「りこうな人間は、損得がすぐわかり、目はしの計算がすぐできるから、しばしば足もとの土の中に埋もれた宝石に気づかない」とあった。

さっきのじゃんけんは、教育ママの心をある意味で表している。先に行った弟のようになりなさい、もっと進みなさいと、しきりにせきたてているのが、教育ママである。

誤解のないように言っておくが、私は教育ママを否定していない。それは、かけがえのない子供を想う親の愛情の一つの現れだからだ。だからその心情に同感するし、やってることも理解する。しかし、賛成できるのはきわめて少ない。

今一度、子供に対して何を教えてきたかを考えてみるのも必要だろう。じゃんけんで勝った弟のようになることを強いはしなかったか？　正直に、まじめに子供がやっていることをほめるのではなく「それじゃしようがないでしょ。○○ちゃんを見なさい」なんて人と比べることを、言いはしなかったか？　子供は親の鏡である。子供の今の姿は、親の反映である。

（昔、保護者会でこんなことを言ったら、同席していた大学の教授をしている友人に、「そして、教師の反映でもある」とやられた。心してます。充分に。）

2　成長曲線　――加速効果と波及効果――

ある日曜日の朝、「ドキュメント日本人」というテレビを見た。青森県八戸市の精神科医の話である。岩手大学の医局長の時〈待遇改善運動〉の責任者として医局を去り、着の身着のままで、八戸郊外の荒地に二〇年近い歳月をかけて病院を建て、精神障害の患者に取り組んできた医師の話である。タオルを腹にまき、労働者そのままのような姿で、数十名の患者の治療にあたる。表現活動を一つの中心におき、信じられぬくらいすばらしい焼き物、絵、細工が創られるようになるまでを描いている。

精神科医、それは全く教師と同じではないかと思った。私がよくしゃべったり、書いたりするのと全く同じようなことが言われていた。もっとも、どの人間も発達要求はあり、発達障害もあり、その障害がいろいろな原因で重かった場合に精神疾患を起こすのだから当たり前であるが……。発達障害、それは誰にもある。それを教育の場で、家庭で、社会で、きちんとのりこえさせられない時、対人恐怖症、自閉症、うそつき、不良化、非行化、自殺、家出、精神疾患などを引き起こす。登校拒否、怠学、学業放棄、万引き、知的停滞、などもそうである。

その精神科医の印象に残る言葉は次のような内容であった。「誰でも〈精神科医〉は、好きなことをやればいいんだよ。だけど真剣じゃなくちゃだめだよ、真剣にやらなくちゃ」

私も坂本先生と同じことをよく話す。「みんな好きかってにやればいいんだ。うちのクラスはこれ、うちのクラスはこう、それをお互いに出して磨き合えば、今よりもっとすばらしい教育ができるんだけど……。」

「世間なんかちょろちょろとごまかせるよ。だけど自分自身と患者はごませない。」「これしか自分の生きる道はないんだよ。」患者のためなんて、甘っちょろい優美な言い方は一度も出なかった。自分は、これしか生きられないと強調する。その気持ち、よく分かる。

「九九％裏切られて、なお一％に賭けるのが精神科医だ。」

その執念、全く同感だ。何もないと思えるところからでも、何かを引っ張り出し、創りあげていく闘いが教育である、というのと共通していると思う。自分自身はごまかせない。子供もごまかせない。これが現場である。

「すばらしい芸術作品は、努力しているうちにある時突然飛躍してできるようになる。一歩一歩進むのではない。そして、その飛躍は、他へすぐ波及し、みんなできるようになる」

その精神科医は初めのころ、上の図のように進歩すると思っていたそうだ。ところがちがう。ちっとも進歩しないのだ。四角のマスの中に色をぬるのを毎日やって、一〇〇枚になったころ、突然すばらしいのを描くようになったという。下の図のように進歩するというのだ。教育も同じである。水泳でも、作文でも、練習中、ちっとも伸びないように見えて、持続さえすれば、突然できるようになるのだ。そして、そうした集団の中では一人が突破すれば他に波及する。一〇〇mを誰かが一〇秒を切って走れば、またたくうちに、世界中で同じ現象が起きるように……。

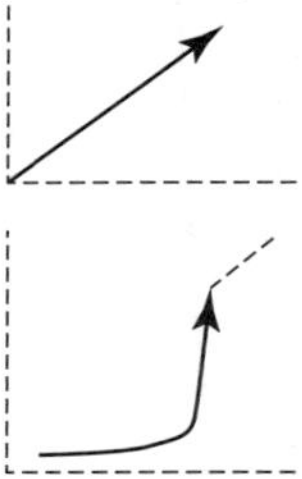

坂本先生と私は、〈加速効果〉〈波及効果〉などという言葉を使っている。自分の意志で持続できること、これが第一の要件である。教えることより育てることを大切にするのである。

3　効率がよすぎるのは

ある会合で次のような話を聞いた。「新卒の女の先生が、子供とのことがうまくいかず、その上結婚を親に反対されて、ノイローゼになり、一年間入院することになった」とのことである。

この痛ましい出来事の原因はなんなのか、くわしく聞いてみた。この人は、郊外の都市に生まれ育ち、小中学校を都心の学校へ越境して通ったという。毎日三時間を超える往復の通学時間が、彼女から何かを失わせる結果になったかは定かではない。

しかし想像はつく。神は子供に、知恵のかわりに、好奇心といたずら心を与えたという。知恵はその二つを使って獲得できるようにした。しかし、遊ぶ時間はほとんどなく、遊び仲間をもつ時間もなかったであろう彼女は、ひたすらに効率よく学ぶことだけを強いられてきたのだろう。

そして、彼女はさる有名高校に合格し、国立大学に入学する。親の得意な顔たるや、想像するにあまりある。自分の教育方針に酔いしれたことだろう。そして彼女は、教師の道へ進む。そうした人がかんたんにできるほど、知識の量だけでできるほど、教師稼業は甘くない。

せめて大学で、学問する心、学問する方法を学んできたら多少はちがっていただろうが、大学でもひたすらに暗記をし、覚えることのみに時を費やしてきた。

遊び心を知らず、学問の心を知らない人に教われば、子供は荒れる。子供は正直なものだ。そうした非人間的なものを拒絶する。たとえ未熟であろうと、なぐろうと、遊び心、学問する心をもった人は受け入れるが……。

不幸なことに、その時恋愛中であり、結婚を親に反対される。反対の理由は〈出身大学がつりあわない。一流企業でない〉ということだ。家でケンカをし、学校でつかれはてる。やがて黒板に書く字が、二、三歳児のようになり、まっすぐに歩けなくなる。そして一年の入院宣告である。

話は変わるが、放牧している牛に、品種のいい牧草だけを栽培して食べさせると、身体は大きくなるが、子を産めなくなるそうだ。雑草を食べさせると子を産む能力は回復する。森のまわりの雑草（袖群落）を刈りとると、森そのものも死んでしまう。

教育の本筋は、育てることである。あまり急ぎすぎないことだ、その時、その時の子供の生活に必要なことを、あまりきりつめないことだ。効率よくやれば、たしかにその場はうまくいったように見える時もある。しかし、教育は何十年もかかって結果が出ることが多い。効率がわるいものにも、無駄に見えることの中にも、前述の雑草のように大切な役目をしているものも多い。

何人かの保護者の方への返信に書いたが、教育の極致は待てることだと思う（放置とはちがう）。健康のこと、自分のことは自分でやること、努力する習慣さえついていれば、後は待ってやることだ。

能率が上がることばかり考えていると、後で、何十年もして、そのしっぺ返しがくる。手痛い反撃を受ける。ノイローゼになった先生の親も、娘がだめになってしまうことを知っていたら、別の方法を考えたことだろう。

4　成長の条件

いかなる学習にとっても、大切なことは次の二点であると私は思っている。

> 第一は、「ていねいさ」である。
> 第二は、「持続性」である。

これ以外の条件（たとえば知能が少々高いというようなこと）は、どうでもいいことだと思っている。

強いていえば、他人（たとえば教師）の忠告を受け入れる「素直さ」があった方がいいが、上記の二条件を満たす子は、ほとんど「素直」であるからそれを入れることもない。

この二点の必要性を認める母親は多い（認めない母親も少しはいる。自分の子供のよさに過度の自信をもっている母親であり、そういう母親の子は不幸にして、自分の本来の力さえ伸ばせない時が多い）。

ところが、上記二点の認め方が、私と多くの母親では異なると思える。第一に私は、この二点を絶対の条件と考えている。第二に私は、この二点を育てるためには、思い付き程度ではだめで、腰をすえてかかって数年は必要と思っている（そして小学校高学年はほとんど最後のチャンスである）。

話を具体的にする。国語のテストをした。そこで、恐るべき現象に出会った。

「植物の名前をあいているところに一つ書きなさい」という問題がある。

正解は二つあるが、問題の指示は、「一つ書きなさい」である。ところが二つ書いた子が一二名もいた。こういう傾向は、クラス全体にある。「指示」を正確に聞けないのである。

また、「傍線は、何を指しているか」という問題がある。

正解は、「イノコズチ・ヌスビトハギ・キンミズヒキ（など）」である。

「何を指しているか」であるから、本文からさがして正確に書けばよい。逆に、自分で勝手に加工したら当然バツである。ところが本文から正確にぬきとることがほとんどできない。

たとえば、「イノコズチ・ヌスビトハギ」であって、「イノコズチ、ヌスビトハギ」ではない。ナカグロであって、点ではない。これができないのが八名いた。

字を正確に写してない。「キンミズキ」「キンミズヒき」「キンミヅヒキ」「キフミズヒキ」「イノコズチやキンン……」「ヌスビト」「ヌスビハ」「ニンミズヒキ」「キンミズヒキ等」「ヌスビトヒギ」「ススビトハギ」などと間違える。

こういうのを正確に書くのは大切な学力である。教師は、こういう間違いに、いいかげんであってはならない。

算数のノートでも、「横線は必ず定規で引く」「ゆったりとノートを使う」ということを毎度言い、月に二回は検査もし、どうして大切なのか理由も言い、取り組んできた。ところが、「定規で引かない子」がけっこういる。

また、私のクラスでは、日記は毎週月曜日に提出することになっている。ある月曜日に多くの子が忘れた。翌日、火曜日になってもまだ提出していない。一三名である。

この子たちの七割は、「続ける」ことが苦手なのである。だから、単なる忘れものではない。

国語のテストを再びした。前回より少々よくなったが「指示」を聞きとることがなお不充分である。

「二つ選んで○をつけなさい」という問いがある。一〇名は一つしかつけていない。

「主語に――を、述語に‖を引きなさい」という問いがある。五名は、どちらも――しか引いてない。

「漢字と送りがなに分けて書きなさい」に対して、二名は分けてない。

「わたしは、☆人家が少なくなるとスズメの数も少なくなり、人かげのたえた所では、スズメもやがてすがたを消すだろう☆と予想していた」という文があり、「わたしは、どんな予想をしていたのですか」という問いがある。正解は、☆と☆の間である。これは、二年生程度の問題である。これができていたのは一七名で、約半数にすぎない。これ以外の子は、何か加工しているのである。ひどいのが三つあった。A（少なく→小なく）当然バツである。B（少なく→数なく）当然バツである。C（スズメの数も→スズメの数を）もちろんバツである。

子供たちの日常生活の中で、次のことがどうなっているか考えざるをえない。

① 正確に意思を伝える会話（用事、いいつけを正確に聞きとる習慣）
② 自分のことを自分でやる習慣（たとえば、あと片付け、机上の整とん）

話は少し横にそれるが、ある日、私の二回目の卒業生（二代目）のクラス会が蒲田であった。

帰宅八時三〇分、久しぶりに快い興奮をおぼえ夜ふかしをした。教え子の昔のエンマ帳をながめていて、おそるべき事実を発見した。

左記のA男とB男は同じ都立高校に入学したが、六年生の算数のテストは次のとおりであった。

	一学期					二学期					三学期					
A男	0	0	0	0	50	0	0	20	50	40	20	24	18	20	15	10
B男	80	95	95	100	100	100	100	95	100	90	100	88	100	100	100	100

この歴然とした差を埋めたのは、A男の生活力のたくましさであった。A男は、どれほど失敗してもチャレンジしていくしぶとさをもっていた。チャレンジしていくたくましさもまた、成長の条件であるといえる。

5　向山の仮説（一九七九年）

テレビと子供の言語能力、思考力、持続力との関係は次のようであると思われる。

一、テレビ視聴時間の二乗に反比例して言語、思考、持続力は落ちる。

例、テレビ視聴　一時間……マイナス度　1　四時間　16

二時間　4　五時間　25

三時間　9

二、したがって、悪影響から守るための一日の限度は一・五時間以内であり、飛躍的に悪影響が出るのは、一日五時間を超える場合である。

以上の仮説を立てた根拠。

第一に　私の〝カン〟である。卒業生一代目の時から（つまり一九六八年ごろから）テレビを多く見る子は何かちがう点を感じ、これを主張していた。

第二に　忘れものが多い、持続性に欠ける子の多くはテレビ視聴が三時間をかなり超えているという、私の調査である。逆の子は少ない。

第三に　自閉的傾向、だらしなさの主因となるという私の考えが、いくつかの研究によって裏づけられた。

第四に　大森地区と調布地区の子の際立ったちがいは、知能にあるのではなく、テレビ視聴時間にあるという発見である。

第五に　都立教育研究所の発表によれば、知能が同じで成績がオール５のグループと、オール１のグループのちがいは、テレビ視聴時間と家の仕事を分担しているかどうかにあるということである。

言葉は、〝ミルク飲もうね〟というように、実物と経験と言葉の三つがあって獲得される。何度も書いてきたとおり、テレビには、実物と経験がない。言葉を獲得できるわけがない。大人が全く知らない言語、たとえばスワヒリ語を習う時を考えればいい。スワヒリ語のテレビを毎日見たとて何も覚えはしない。それより、一つ一つ実物を示されて、言葉を教えられた方が確実に身に付く。ある基礎があって（たとえば学校で英語を習ったあと）テレビを見るのとは、わけがちがうのである。

人間として生きていく力の基本は、自分のことは自分でできるようになることである。

あと片付けを小さい時から教えるのは、これが基本であるからである。家の仕事を分担しているという都立教育研究所の発表は、自分のことは自分でするように育てているということである。したがって、三歳までの幼児の子育てで大切なことは次の三点である。一、テレビを見せない。二、言葉がけを多くする。三、あと片付けをさせる。

小学生程度で大切なのは、次の三点である。

一、テレビ視聴を一・五時間以内にする。
二、家庭内での団らんや会話の時間帯を確保する。
三、自分のことは自分でさせる。（仕事を分担させる）

正月に、昔からの知り合いが、三歳（直前）の子を連れてきた。「へんだな！」とすぐに思った。人間の言葉に対する反応が全くないのである。やたらに動きまわり、家中のビンを集めて一列に並べているのである。名前を呼んでも一言の返事もなく、言葉も未発達で奇声をあげていた。親は成長の遅れと考えているらしかった。私は、他のことも勘案して自閉症の典型と判断した。

親が、一年ほど前に来た時「バイバイ」のあいさつもしないと言っていた。さしあたって、テレビはやめるよう言っておいた。しかし、家で奥さんが「テレビもよいところがある」といって、積極的にテレビを見せたらしい。家庭の主婦は朝八時～一〇時、一二時～二時、五時～一一時ぐらいにテレビを見るという調査がある。これを赤ん坊に聞かせたら一〇時間である。マイナス度は10×10の一〇〇という驚くべき数値になる。

自閉症とは、心にカラができて他人と交流をしない状態をいう。人間らしさとは、まわりの人間が働きかけて育つのだ。テレビでは交流がないから育たない。人間には全く反応せず、テレビに反応する子が生まれる。もちろん自閉症には、他の原因もあるし、かんたんには言えないが、乳児の時から積極的にテレビ漬けにしていたら、テレビは大きいウエイトを占めるという説もある。

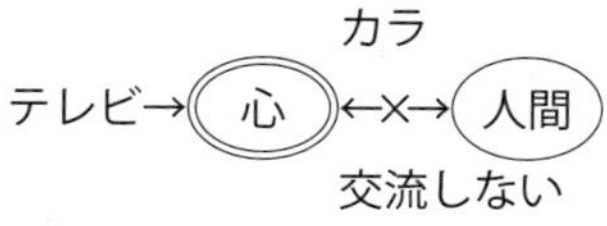

私は、迷った末に一〇枚を超える長文の手紙を書いた。テレビをやめて、すぐに効果があがるのは三歳までなのだ。小学校入学時まではほっておくと、かなりの手おくれなのである。次の三点を示した。

一、テレビ、ラジオを一切消すこと。（どうしてもの時はイヤホンを使うこと）

二、言葉がけを多くすること。

三、同じくらいの年の子のいる場所へ連れ出すこと。

まだ三歳前なので、大丈夫ではないかと思うが、母親がよいと思ってやっていることが実はわるいことであることも多い。重要なことは、やはりその道のプロの意見を聞いた方がよい。

碁会所で、世田谷区の先生に聞いた話がある。自分で生きる力を子供に付けるために、六歳まで、テレビをつけっぱなしの部屋にカギをかけて育てたという親がいるというのだ。これで自閉的にならなければうそである。テレビもさることながら、言葉がけもないのだから。「頭のよい子であったが、自閉傾向は変わらなかった」と言う。

評価はいろいろあって、親の尺度と教師はちがう。教師同士でもずいぶんとちがう。私は、生命力、成長力にかかわることを目安程度でもよいから見える形にできないものかと思ってきた。そこでいくつかの仮説を立ててみた。まるで遊びだから、全く笑いごととして読んでいただきたい。こういう見方もあるのかと思えればけっこうである。

向山の仮説一……自分の机の上の整とん状態を五点満点で評価する。一週間分の減点は、その子がその週にした忘れ物とほぼ等しい。

向山の仮説二……努力の持続性は過去一〇〇日間の日記を書いた日数であらわされる(一日ぬいたらマイナス1とし、手をぬいた時、病気の時はマイナス0.5とする)。向山の努力係数が90/100を超えれば、きわめて優秀であり、60/100より下ならば要注意である。

向山の仮説三……漢字の力は、誤字数に反比例しない。一日の日記の中の漢字使用数に比例する。一日の日記での漢字の使用数(のべ)が一〇〇字を超えれば優秀である。

向山の仮説四……仮説二の知能偏差値の係数との重要度の比は、一対一である。知能偏差値が10ちがうのと、努力係数が10ちがうのとは等しい。後者は努力しだいでいくらでものびる。両方をプラスした数値が近い将来の学力の伸びである。ただし人間はどのようなことで変化するか分からないので、この確率は六〇%ぐらいである。また、遠い将来は全く分からない。

第3章

裏文化を教室へ

1　ハレの文化とケの文化

文化には、表文化と裏文化がある。ハレの文化とケの文化とよんでもよい。

表文化、それは人前で堂々ということができ、学校文化の中心でもある。ピアノがうまい、バレーがうまい、バイオリンがうまい、習字がうまい、などである。

裏文化、それは遊びの世界の中心である。表文化とは離れたところに厳として存在する。ヨーヨー釣りのテクニック、プラモデル作成の腕、さらには、メンコ、ビー玉、けん玉、トカゲとりからいたずらに至るまで……。

裏文化の世界、そこは人間ならば一度は通り、脱皮していく世界でもある。こうした世界を経験しなかった大人は、どこかに欠陥があるという学者もいる。子供同士の厳格なルール。それは、家のきまり、学校のきまりよりはるかに厳格に守られる。学校のきまりの違反者は、教師からおこられるだけであるが、遊びのルール違反は、時として仲間から追放を受けるからである。

初めてトカゲをつかまえた人間や、よく釣れる穴場を知っている人間には、尊敬がはらわれ、権威が与えられる。子供は、なんらかの裏文化の権威者である。その時だけは、たとえ学校のテストがすべて〇点でも、みんなから尊敬される。裏文化の世界、遊びの文化の世界ぬきには子供の成長は語れない。

こうした裏文化は、表文化中心の社会からは（教師・親からは）無視されてきた。時には迫害さえ受けてきた。しかし、それは、どれだけ迫害されようと生き続ける。遊びの世界は、子供の世界の中心だからである。

そこでは、子供は自由であり、平等であり、かつなんらかのエキスパートであり、秩序づけられた存在感があり、面白いからである。

裏文化を、もっと大胆に学校の教育の中にとり入れるべきであるというのが、私の主張である。新卒のころからそうであった。その後は、全国のいくつかの学校で、そうしたことが行われ、報告もされている。

学校で〝金魚や小鳥〟だけの飼育係にあきたらず、ブタやアヒルまで飼いだした例もある。大四小では、〝教室内での遊びは、他に迷惑をかけないなら、その学級で決めてかまわない〟と職員会で申し合わせてあったので、時期によって、メンコやベーゴマや手品、トランプ、将棋などがはやっていた。むろん、雨の日である。

裏文化を学校にとり入れる最大のメリットは、子供が生き生きすることである。むろん、表文化でもできる。しかし、そのダイナミックさは裏文化の比ではない。こうした裏文化を支えとして表文化も育っていく。大四小ののど自慢大会は、はじめは本当の〝のど自慢〟程度であったが、後には転入の先生をしておどろかしめたほどの〝合唱コンクール〟になっていた。

調布大塚小の、凧上げ大会、おたのしみ会、クラブなども、裏文化を含んでいる。全校遠足のスポーツ大会などもそうである。そこには、いつも生き生きとした子供の姿がある。

コロンブスの卵の話は有名である。列席の人間が誰一人、卵を立てられなかったのを見て、コロンブスは卵の底を割って立てたのである。人々が「なあんだ」と言うのに対し、アメリカ大陸発見も(西インド諸島だが)これと同じように、誰にもできることであるが、初めてやった人間に(ことに)価値があるのであると言いたいのである。この話は、一つの意味をもつ。初めてやることに対する偉大さを、身近な問題で説明しているからである。しかし、卵は立たないという伝説は、この時以来人々の頭に入ってしまった。この話はあまりにも有名になりすぎたからである。

ところが、卵は立つのである。むろん割らないでだ。その話を教室でしたところ、さっそく卵を持ち込んできた子がいた。やってみると立つのである。Iさんなぞ「八回も立てた」なんて、威張って言っていた。クラス中の人間が集まって、ちょっとした卵ブームである。立てることのできる人間は、裏文化を〈卵立てのテクニックを〉獲得したことになり、「俺、立てられたぞ」なんて、威張れるというものである。

実は卵が立つという話が、世界的ニュースになったことがある。昭和二二年ごろである。古来中国には、立春には卵が立つという言い伝えがあった。それをやって見せた人が、世界中の人々におどろかれ、一〇社もの放送局、たくさんの科学者の前でやってみせることになったのである。むろんコロンブスの地元であるアメリカが、一番熱心だった。実験に使った一〇個の卵は全部立った。

この話は、おまけまでついている。ある新聞は、「今年の立春に失敗した人は、来年やってみましょう」と報道したのである。卵は、いつでも立つし、ゆでてあっても立つ。中谷宇吉郎という科学者が「卵の立つ話」という文章まで書いたほどのさわぎであった。むろん彼は科学者らしく冷静に受けとめている。

この、珍妙な世界的ニュースは、いろいろなことを教えてくれる。コロンブスのアメリカ大陸発見は一四九二年である。その後の幾世紀の間、人々はコロンブスの卵の話とともに、卵は立たないという伝説を受け入れ、それが疑うことのない常識として広まっていたということである。

極端に言えば、その間の人類は一人として卵を立てようとしなかったということだ。だからこそ、世界的大ニュースになったのである。

裏文化の世界を、遊びの世界を、もっと重視することが行われていたら、どこかの国のどこかのいたずら坊主が「卵が立ったぞ……」なんてことで、ニュースになったかもしれないのである。まあ、それほどまでにはならなくとも、「卵なんて立つよ、コロンブスの時代の人は無器用だったのかなあ」なんて感想が出ていいようものである。

もっともっと裏文化を身につけた子供が育たないかと思っている。

2　恥の文化への挑戦

学級通信に載せた「教室はまちがうところだ」という言葉は、実に好評であった、あの言葉には、子供の心の中まで入り込み、子供に勇気をもたせようとするはげましがにじみ出ているから、よいと思うのは当然だと思う。

教室は正しいことを教えるべきであるという、しごく当たり前の内容を形式的にとらえると、「あれはわるい言葉」という判断が出てくる(そういう教師がいるそうだ)。形式主義は、しばしば内容をぬきにする。真実や、科学の発展は多くの失敗の中から見付けられ、確かめられてきたものであることを見失ってしまう。

新卒の時、研究授業をしたことがある。授業がよいかわるいか分からなかった。ただ、実にたくさんの子供が次々に立って発言した。協議会の時、年輩の高学年担任の先生から「中学年だから発言するのだ。高学年になると発言しなくなる」という意見が出された。「ちがう」と思ったが反論できなかった。新卒一年目で、高学年の経験がなかったからだ。その子たちをそのまま六年までもちあがった、子供たちはあいかわらず活発に発言した。先生の友人たちが入れかわり立ちかわり授業を見に来たが、そんな中でも発言したし、時には子供が参観者に意見を求めた。

「高学年になると発言しない」という言葉は、ずっと私の胸に残っていた。一年生に入学したころ、どの子供も活発に手を挙げるのだ。時には、分からなくても手を挙げる。この一年生から六年生への変化は何かと考え続けた。精神が発達して、恥ずかしさを覚えるからだと思った。しかし、活発に発言する六年生はいくらでもいるのである。必要以上に恥ずかしさと劣等感をうえつけてしまうシステムを、その時初めて見た気がした。何気ない学校内の、教育活動の中に、そうしたものがあると思ったのだった。教育の実態を〈自分自身を含め〉すべて疑ってみるという態度は、その時以来発生した。

学級委員、選手、係長、賞、なんと多くの舞台装置があることかと思った。少数の優等生のゆるぎない支配。多くの者はあきらめていくシステム。こうしたことの中から、もの言わぬ子が生み出されると思った。固定的なこのシステムを、可動的なものにしなくてはいけないと思った。

その時以来、私はリーダー等を決める方法をジャンケンにした。こうすると立候補者は、二倍にも五倍にもふくれあがった。みんな本当はやりたいのだった。しかし、これだけではドングリの背くらべに終わってしまう。「やりたい」という意志の上に立って、一人一人を成長させねばならなかった。初めは〝あいさつ〟だけを要求した。あいさつだけでも子供には大変なことだった。しかし、「やりたい」と思っている子は、へたながらあいさつをした。その次は、方針を要求した。さらに総括・方針を文書で出すことを要求した。二年も経つと、クラスの四分の三ぐらいの子はみんなの前で演説したり、司会したり、指示を与えたりができるようになった。

それは、大変な変化だった、全国教育研究集会に東京の代表として出席したのもそのころであった。三日間にわたる論争で、大体育館にぎっしりの傍聴者の中で、私の報告が論争の中心の一つであった。

朝日新聞の松田道雄氏の文章に出会ったのもそのころであった。「子供ながらにもっていた宿命的な社会構造観が崩れていった」という文に、実感をもって感動したものだった。松田氏の文章に登場する教師の存在を、嬉しく思ったものだった。

調布大塚小へ着任してすぐ、学級委員を決めることになった。ジャンケンで決めるというと、たくさんの立候補者が出た。盛大なジャンケンで勝ち残った者の中にSさんがいた。当時、Sさんは勉強ができないということで、みんなに馬鹿にされていた。Sさんにとっても、他の子供にとっても大きな変化だった。Sさんが学級委員になったのだ。

Sさんは作文で次のように書いている。

Sさんがジャンケンで勝って学級委員になり、初めて代表委員会（代表の子供が作る学校全体の委員会）に出たときのことである。


一学期の半ばごろ、代表委員会が行われた。議題は、思い出せないがうれしかった。でも、発言がはずかしくてうまくいかなかったようだ。それがきっかけで、本を声を出して読むようになった。一人だったから大きな声を出せたが、いざとなるとそうはいかない。はずかしくて声がうまく出ない。こんなことをなん回もくりかえしていくうちに、うまく読めるようになった。だが、大ぜいの人の前に立つと、読みにくいのとはずかしいのと息くるしいのといっしょになって、声も出せないありさまである。こんなことでは、とうてい司会などつとまらないと思いつつ、クラスの、のど自まん大会の司会をやらせてもらいY君のしじをうけながら、この役目をはたした。その時も息くるしいのとはずかしさがごちゃまぜになってしまい、なかなかうまくできなかった。代表委員会の発言は、われながらいいできだったと思っている。

大ぜいの人の前だとうまくいかなくて失ぱいばっかりだ。それになれるとうまくいく。

というより、とけこむ、熱中するということが大切だとつくづく思っている。しんぼうして、がんばる人こそ人間のほこりだ。人間のしつこさ・いじ・こんじょうがあるから生きていけると思う。（以下略）

この文でもお分かりいただけるだろう。Sさんが獲得したのは、学級委員という形だけの名誉ではない。人間としてのほこり、人間としての生命力まで獲得している。かくして一年。かつて馬鹿にされていたSさんは、かくも見事な作文を書くほどに、Dさんの転校のお別れ会で、自信に満ちたあいさつができるまでに成長した。

ある全校児童集会で、やはりジャンケンで学級委員になったZさんが実に見事な司会をした。全校児童の前で、発言することが、苦手で苦手でしようがないZさんが見事な司会をしたのである。全校児童集会の司会はやさしそうに見えて並たいていのことではない。心臓の大きさでは有名なTさん、Kさん、Aさんをして、「足がすくみ、身体がふるえ、頭がカーとなってきた」と言わしめたほどのことなのである。

Zさんは、六年の集会委員として活動していたが、書記を決める時のあいさつでさえ、悩んだ子だったのである。Zさんの文を見てみよう。

……でも、とにかくあいさつをしなければ書記になれないのだ。くそう、あいさつをしてやるとやけくそになり、短くてもいいからと思って正常にもどった。みんなすいすい言っている。私は心の中で適当に考えをまとめた。その途中で私の番が来た。私はあわてた。ちょっと前の人のまねをしてしまった。つっかえつっかえ言った。向山先生が見ているのできん張し、あせった。……

誰だって、このようなところから成長するのである。どの子にも、こうした緊張の体験を与えてやることこそ、教育なのである。

3 「竹馬《ちくば》の友」の替え歌 ――ばくちの友――

教室に入ったら、沈丁花が飾ってあったことがあった。私の大好きな花だ。子供が持ってきてくれたものだった。ひな祭りなので、のど自慢大会をやることになっていた。男子は全員出なければならない。

Hさんのおばあちゃんから一〇袋のひなあられのさし入れがあった。他にも、何人かの子が、あられ、アメなどを持ってきていた。みんなで分けて食べた。それこそ、一つのアメでも、わって、みんなで分けて食べるのだ。子供たちは、机の上の半紙にそれを大切そうに並べていく。家庭では、絶対見られない光景だろう。一粒のあられでも宝物のようにあつかうのだから……。どの子も満足している。子供の世界では「乏しい」のは嘆きにはならない。「等しからざること」が嘆きになるのだ。ささやかなおやつでも、みんなで同じに分けあったことに、どの子も満足している。

のど自慢は、Tさんに拍手がわいた。〝黒い花びら〟を、迫力ある歌いっぷりで演じていた。まさに、体力で勝負している感じだった。Jさんも、〝サラスポンダ〟をリズミカルに歌い満足だった。Sさん、Kさん、Iさんの〝およげ！ たいやきくん〟も、うまかった。ひようきんなSさんがものすごくまじめに、けんめいに歌っている姿に、いとおしさを感じた。Nさん、Mさん、Oさんなども、最近の少女歌手そこのけの歌いっぷりであった。Dさんは、根性で三回も出場した。Fさんも、〝もっとやりたいな〟を連発していた。Aさん、Bさんなどが、五の二の男子にささげるバラードを歌った。かなり、ひどくけなされた感じだった。Eさんは、オペラ風になんとかの笛を歌っていた。Gさん、Pさんは〝竹馬の友〟のかえ歌の〝ばくちの友〟だった。このクラスは万事、オリジナルなものを尊いと思う気風がある。欽ドンの物真似より、自分たちで作った方がいいという気風があるのだ。いつか六年生が、欽ドンの真似をしていたら、みんなは〝なんだ、そんなの、テレビでやったやつじゃねえか〟と批判していたのを聞いたことがある。〝ばくちの友〟はGさんの作詩である。

「ばくちの友」

一、サイコロの聞ゆる部屋で　　　四、宝くじ　への九三一四
　今日も又、あいつを待つ　　　　　心あてに、当選日待つ
　あの時の　あざやかな手つき　　　一ケ月後、朝日新聞
　だけどもう、やらないあいつ　　　への九三一五

二、五円玉、表か裏か
五千円　かけている
どーしても表になれ
だけどああ、裏だった

三、馬の足音するラジオ
4—6をかけている
タケノホマレ、そらがんばれ
だけどああ　ぬかれたよ

五、ティーショット　打ったら
バンカーに入ってしまった
第二打で　ホールインツー
しかしまた　バンカーだ

六、ジャラジャラと　パイが鳴る
今度こそ　大三元
てんぱって　西すてた
だけどああ、ふりこんだ

何というか、父親ゆずりというのだろうか(知らないが)、実に末おそろしい子供である。研究がいきとどいている。これまた、すごい拍手であった。もちろん中には意味も分からないで拍手している子もいた。

4　えさが分からなかったからあげなかった

(1) 係の仕事

ある日の学級会で、各係の点検が行われた。飼育係では、トカゲを飼っていた。AさんとBさんが「トカゲが一匹死んでしまいました」と報告した。男の子から「なんで、死んだのですか」と質問が出た。「えさが分からなかったので、えさをあげなかったためだと思います」と、Aさんが言った。みんながドッと笑った。男の子が一斉に「そりゃあ、ざんこくだよ」と言い始めた。トカゲは生きているままの虫などをあげることや、小鳥屋に何とかというえさがあることなどを、DさんやTさんが説明してくれた。

休み時間、NさんとOさんが虫を持ってきた。理科室前の庭にいるのだという。けんめいにトカゲに与えていた。

お母さん方にはわかるまい。トカゲのえさはなんであり、それはどのようにして手に入れるものであり、かつ学校のどこに行けばいるのかを知っていることは、男の子の世界では常識であるのだということが……。これを知らねば、やはり男ではないのだ。女の子は、知らなくて当たり前なのだ。トカゲのえさを知らないという女の子と、それをたちどころに持ってくる男の子との間に、裏文化の質のちがいを感じるのである。

(2) ねんざ事件

Eさんがゴムなわをやっていて、右手首をねんざした。我がクラスでは、男の子も女の子の遊びをするし、女の子も男の子の遊びをしていた。S先生がいつか言っていた。男の子が女の子に「遊ぼうよ」と言ったところ、女の子は「つきあってやるよ」と答えて、飛び出していったそうだ。何か、ほほえみたくなるような場面であったらしい。Eさんはすぐに医者に行ったのであるが、結果はたいしたことはなさそうであった。

給食の時、Sさんが泣きじゃくっていた。私のところへ来て「あの時、ゴムなわを私が持っていたんです。わるくって……」という。「そんなことないよ。ゴムを持っていたからと泣くことはない。これが身体がぶつかったというなら、たとえ、相手がわるくても君にも責任があるけど、今度のはしようがないよ」と答えた。それでも彼女は泣いていた。男の子たちが、それとなくはげましていた。腕に包帯をしたEさんも、困った顔に笑いをうかべて「だいじょうぶだよ」と言っていた。

5　ある日、突然学校がなくなったら

「ある日、突然学校がなくなったら」に対する子供の答えである。学級通信「エトセトラ」（第四八号　一九七五年六月一一日）に載せた。

子供の部

A児……給食がなくなることを知らされ、しょげかえる。（クラス一の給食おかわりの子）
B児……ポーズだけはかっこよくしようと、新しいポーズを開発する。（ポーズがうまい子）
C児……新聞〝フグヤ〟の号外を出すのにいそがしく夜も寝られない。（個人新聞を出している子）
D児……〝先生の靴はどこへ行ったのかしら〟とさがしまわる。（いつも先生の世話をする子）
E児……となりの赤ちゃんと遊べると大喜びですぐ帰る。（赤ちゃんの作文が大好評の子）
F児……〝日本はわからないわ〟とオーストラリアへ旅立つ。（メルボルンから転入した子）
G児……わき目もふらず将棋の勉強にとりかかる。（将棋クラブの子）
H児……学校がなくなったのに気がつかないで遊びまわる。（やんちゃ坊主の子）

I児……全部、先生と遊ぶ時間にしようと代表委員会に提案する。（「先生遊ぼう」とよく来る子）

J児……教室のおたまじゃくしを、さがしまわる。（生きもの係の子）

K児……腰をぬかして、すわりこんでしまう。（親分タイプの女子）

L児……〝おさいほう〟の学校への入学手続きをすませる。（さいほうがうまい男子）

M児……テレビタレントになるため、おやま（女形）の練習にはげむ。（「女」というアダ名の子）

N児……鉄棒は大丈夫かしらと、校庭を見まわす。（スポーツウーマン。鉄棒が得意の子）

O児……とび箱を買いしめて、自分で売りまわる。（跳び箱がとべるようになった子）

P児……全国向け放送の原稿（脚本）を書く。（新聞委員会の子）

Q児……学校建築の青写真を、お父さんに習いながら描く。（父が建築業の子）

R児……〝どうってことないさ〟と空を見上げる。（休みがちだった子）

S児……〝安全なチャック〟（知る人ぞ知る）を研究し、パテントをとる。（一年の時、トイレではさんでしまった子）

T児……〝ばんざーい〟と、とびあがり、三日三晩ちょうちん行列をする。（遊ぶの大好

きの子)
U児……日記をどうやって書こうかと、苦心する。(日記を必ず書く子)
V児……現代の怪談にふるえあがり、ふとんをかぶってねこんでしまう。(わんぱく坊主の子)

大人の部

(PTA教養部)……〝学校なしの教育〟を講演してもらうために、おねえさんの船戸先生(島小)に電話する。

(学級代表)…寺子屋を作るための署名を集める。

(保健部)…… 〝スポーツをしましょう〟というポスターを電柱にはる。

(校外部)……校外班の活動計画をねるのにいそがしい。

(広報部)……インタビューをとりに、都知事と首相に面会を申し込む。

(集金)………集金のしようがないと解散を宣言する。

向山………あわてて教育委員会に電話するが信じてもらえず、「みんなおいで」と子供をさがしにいく。しかし、相手にされないので、給料が出ることを確かめ、碁会所で時間をつぶす。

第4章

教室で大パーティーを

1 七つの原案から ――方針の選択――

五年生を担任していた時の二学期に、学級新聞五〇号パーティーを計画した。ところが、転校する子が出たため、お別れ会も付け加えられた。方針案はグループ毎に七通り作られ、製本された。その合本に私は「五の一のみんなへ」という文を書いた。次のものである。

向山から五の一のみんなへ

一学期は、いったいどうなるのかと思った。係を決めた時に出てきた内容と言えば、落とし物係であったり、体育係であったり、黒板を消す係であったり……。私の常識でいえばそれは当番というものであって、係とよべる代物ではなかった。係とは、完全に〈例外なく〉、やりたい、こうしたいという個人の意志によって成り立ち、しかも活動内容が、クラス全体の、文化的、スポーツ的、レクリエーション的活動に寄与できるものと思うからだ。

Tさんが〈ヘビを三回持ってきた〉〈そのヘビが逃げてさがしまわり便所で発見された〉という、珍騒動をのぞいては、ごくごく単調な君たちの生活であった。

私は、まあこれはこれでいいだろうとながめていた。

変化は二学期におとずれた。大四小六年の係活動などを紹介したところ、諸君はそのバラエティーに目を見はり、そうしたいといいだした。更に、向山学級の卒業生、初代、二代、三代、の活動にも目を見はった。係は大幅に変わった。集会係は、朝と帰りの時間を使って〈のど自慢大会〉〈クイズ大会〉〈ゲーム大会〉をやりはじめた。集会係は、更に、この三つに分化された。全体への連絡の時間もとられた。

学級新聞は、印刷で発行されるようになり、四社でほぼ毎日発行され、またたくうちに、私の学級通信〈スナイパー〉にせまってきた。文化的、知的水準もあがりはじめた。かなり高度のユーモアが通じるようになった。台上前転も、かなり高度の質で――残らず、するようになった。

新聞はいつしか五〇号をこえた。五〇号パーティーを計画しようと話があった時、Tさんの転校が知らされ、あわせておこなうことになった。私は、このパーティーを本格的に準備させようと思った。次のような経過だ。

一一月二五日　原案を作るグループを編成。
①〈すきなもの同士で五～八人のグループを作る〉（一定時間内に、はみ出す人が一人でもいたら、この方法を廃止する）中に入れない人が二人いて、これは駄目になる。
②〈男女自由に五人ずつのグループをつくる〉はみ出す人がいてこれも駄目になる。
③〈男二～三人、女二～三人で合計五名の男女混合班をつくる〉二人はみ出てこれも駄目になる。
④再度③の方法でやって、全員で七つのグループをつくる。
一一月二五日、二六日の放課後　原案つくりがはじまる。
一一月二八日　遠足
一一月二九日　印刷終了
一一月三〇日　二時間原案を討議して第五グループの方針を基本案と決定。

七つのグループ案から、一つずつだめにして、一つを残す論争は面白かった。発言した者は三五名であったから、かなりの論戦であった。第五グループは、自分たちの案をもとにして、他のグループの良い点をとり入れて方針案をつくった。おどろくことに、それは三〇日の翌日、一二月一日に印刷されていた。
この「方針案と原案」をみんなの活動の足跡として、ここに製本することにする。
なお、七通りのグループ案から残った方針案は次のものであった。

五〇号パーティー、T君送別会についての方針案
（一九七七年一一月三〇日、五年一組第五グループ）

〈プログラム〉
一、はじめのことば〈一名〉　　（二分）
　この会をより楽しい会にするための、説明、注などを原稿用紙に一枚ていどの文でまとめる。書く人は一名で、各グループの責任者がジャンケンで決めて書く。
二、フルーツバスケット〈全員〉　　一〇：四二（一五分）
　おにが好きなことを言い、それに自分があてはまる場合は、席を移る。おにが〝フルーツバスケット〟と言った時は、全員が席を移る。とちゅうでも、時間がきたらやめる。

三、新聞五〇号について〈全員〉　（六分）
読者（先生も）が〃感想、意見〃などを言う。

例◇おもしろい。◇つまらない。◇〇〇の記事をのせてほしいなど、一言でいいから全員が言う。
四、新聞係から〈一名〉　一一：〇三（二分）
新聞係が、今までの反省、これからの予定、考えなどを一名代表で話す。代表は、係内で決める。
五、百人一首大会〈全員〉　（二〇分）
しちょうかく室を借り、一部、二部……八部と、いつものように分かれ、先生に読んでもらう。一〇分、一試合で、二試合やる。部の中で、一番上の人は、一部上がり、一番下の人は、一部下がる。百人一首（ふだ）は、持参できる人は、かならず持ってくる。（他の人がもってくるからいいや、なんて思っていると、数が足りなくて、できなくなってしまうから、なるべく持参する）
——休けい　（五分）教室にもどる。
六、のど自まん大会〈全員〉　一一：三〇（二〇分）

各グループごとに一曲ずつ歌う。どんな歌でもよい（終わりのない歌の場合は、二周つづけて歌い、〝なんて間がいんでしょ〟で終わりにする）。どのグループも、全員が歌わなければいけない。（教室でやる）

七、先生からのお話〈全員〉（二〇分）
先生が旅行に行った時のお話や、世界と日本のお話などをしてもらう。

八、ランチタイム〈全員〉　一二：一〇（五〇分）
おべんとう、家の人からのさし入れ、お菓子などを食べる。

――休けい（五分）ドッジボール大会の用意をする――

九、ドッジボール大会〈全員〉（二〇分）
①赤対白の一回戦目、②赤対白の二回戦目、③男子対女子の一回戦目、④男子対女子の二回戦目の順でやる。一試合五分で外野が多かった方が負け。男子対女子の場合は、男子のコートをせまくし、女子のコートを広くする。そして、男子が男子をあてる場合は、右手投げ（左ききの人は、左投げ）、男子が女子をあてる場合は左投げ（左ききの人は右投げ）。もし、男子の右投げのボールが、女子にあたっても（赤対白のときも）、女子はセーフ、女子は、右投げ（左ききの人は、左投げ）でよい。ボールは、二個。

時間ボール、死人ボール、あり。しんぱん↓先生。ボールのけんりなどが、五分五分の場合は、ジャンケンで決める。

一〇、T君へ一首〈全員〉　（一〇分）

一人ずつ、はげましの言葉など、自分からの言葉をひと言にまとめて言う。（前もって、考えておく）

一一、歌〈全員〉　一：三五（五分）

①『終わりのない歌』②『竹馬の友よ』の順で歌う。終わりのない歌は、二周して、〝さつきは、恋のふきながし、なんて聞がいんでしょ〟で終わりにする。

一二、新聞係あいさつ〈新聞係〉　（二分）

新聞係の人が、この会のこと（お礼）などを言う。

一三、T君あいさつ〈T君〉　一：四二（五分）

これからのみんなへのこと、一二のようなことを言う。

一四、先生からのことば〈先生〉　一：四七（二分）

この会について、どこがよかったか、悪かったかなどを言ってもらう。

一五、おわりのことば〈一名〉　（二分）

この会がしめくくりになるようなことばを言う。言う人は、はじめのことばを言う人をのぞく。各グループの責任者の一人（ジャンケンで決める）。はじめのことば、と同じように、原稿用紙一枚ていどの文でまとめる。

〈かたづけ〉

かたづけは、各自責任をとり、なるべく早くすます。プログラムの都合で、終わりがおそくなってしまった時は、かたづけなければいけないものだけやる。残ったものは、月曜の朝にやる。

〈机・いすの配置〉

プログラムと、あわせます。一のはじめのことばの時（図A）

① はじめのことばをいう人が西側へ行き、それを、とりかこむように、いすをならべる。（はじめのことばをいう人のところには、いすがない）

② フルーツバスケットの時（図B）①の時、西→東へ、一直線に並んでいたいすの、三分の一～四分の一ぐらいずつを、西側へもっていき、まあ

（図 A）

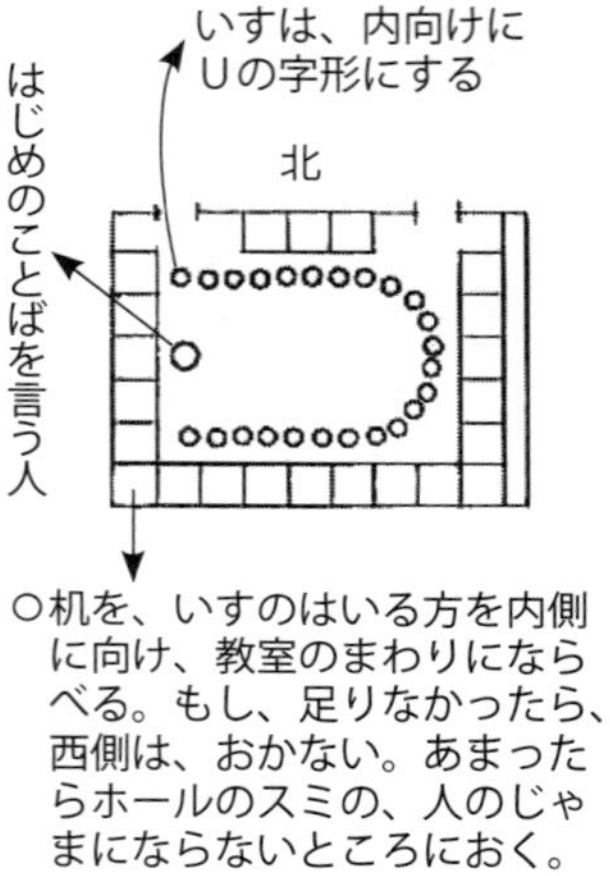
いすは、内向けに
Uの字形にする
はじめのことばを言う人
北
○机を、いすのはいる方を内側に向け、教室のまわりにならべる。もし、足りなかったら、西側は、おかない。あまったらホールのスミの、人のじゃまにならないところにおく。

（図 B）

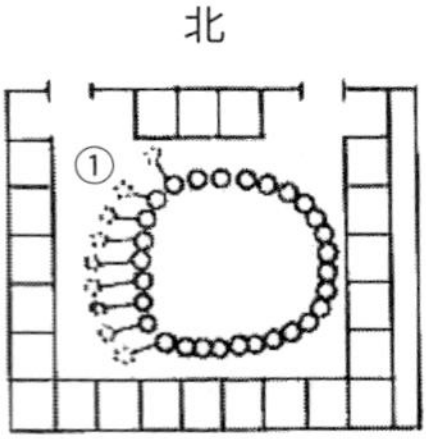
北
①

（図 C）

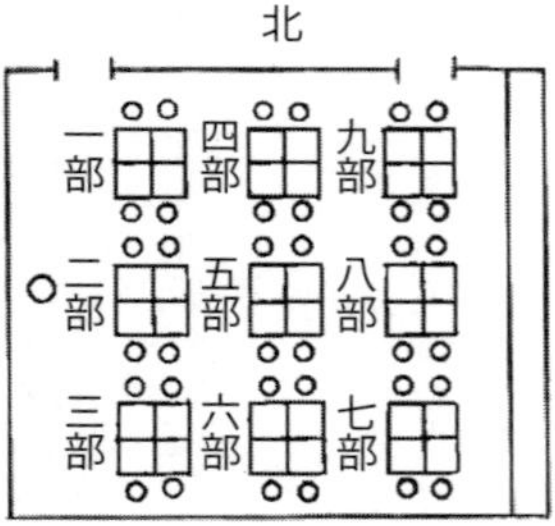
北
一部
二部
三部
四部
五部
六部
七部
八部
九部

（図 D）

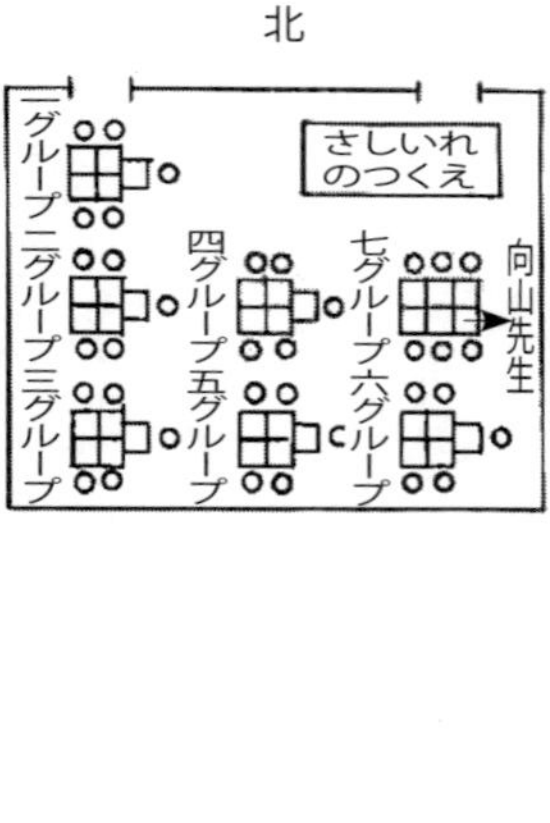
北
さしいれのつくえ
一グループ
二グループ
三グループ
四グループ
五グループ
六グループ
七グループ
向山先生

るくならべる。
③、④の新聞五〇号について、新聞係からの時は、①のはじめのことばのように、ならべかえる。
⑤百人一首大会の時は、しちょうかく室で、いつも（図C）と同じように。一部、二部……八部の席は、図のとおり。
先生が読むところは、〇のところ。
◎休けいの所は、教室にもどる。
⑥、⑦の、のど自まん大会、先生からのお話の時は、①、③、④の時と同じだから動かさないでいい。
⑧ランチタイム（図D）ランチタイムは、グループごとに、すわって食べる。七グループに向山先生がすわる。
さし入れの机は、ホールにある、大きな机を使うか、普通の机を、八台ぐらいならべるかのどちらかにする。
⑩、⑪、⑫、⑬、⑭、⑮は、①、③、④、（図A）と同じにする。

食事
◎さし入れ
〇さし入れは、家の人にたのんで、作ってもらう。作ってもらえない人は、むりにたのまないでよい。

〇家にある、アメ、おせんべい、クッキーなどは、家の人のきょかがあれば、もってきてよい。

○飲み物は、お茶、ジュース、紅茶、コーヒー等、水とうに入れてくる。
○さし入れが少ないかもしれないので
おにぎり一こていどのおべんとうを、かならずもってくる。会費の中から、サンドイッチを買う。でもこれだけでは、少ないので、家にあるもので、家の人が承知したら、なるべくもってくる。

◎食器
○食器（お皿、スプーン、フォーク、ナイフ、コップ）は、家庭科で使うものを、使わしてもらう。
○その他、特にもってきたい物があれば、もってきていい。

前の黒板

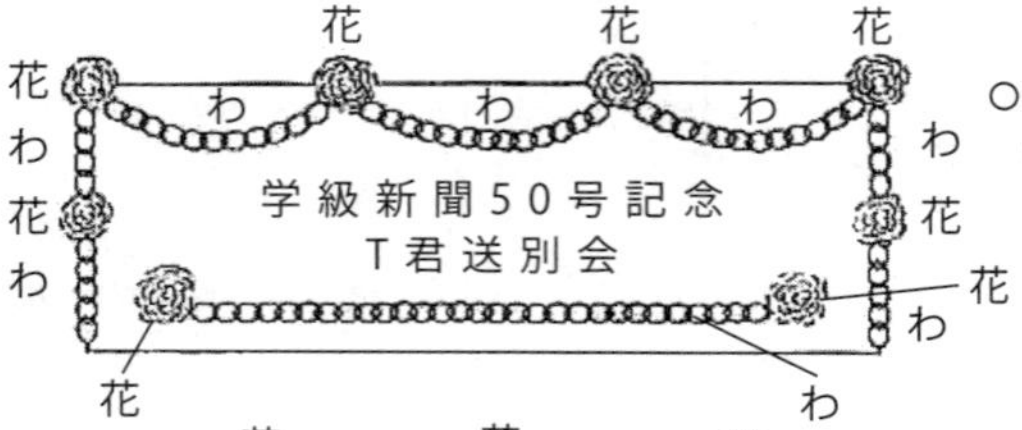
○ティッシュの花と、折り紙のわ。

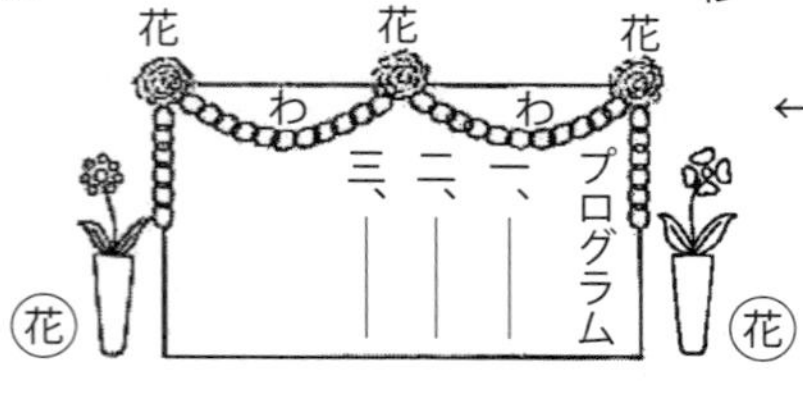
←後ろの黒板

戸は……

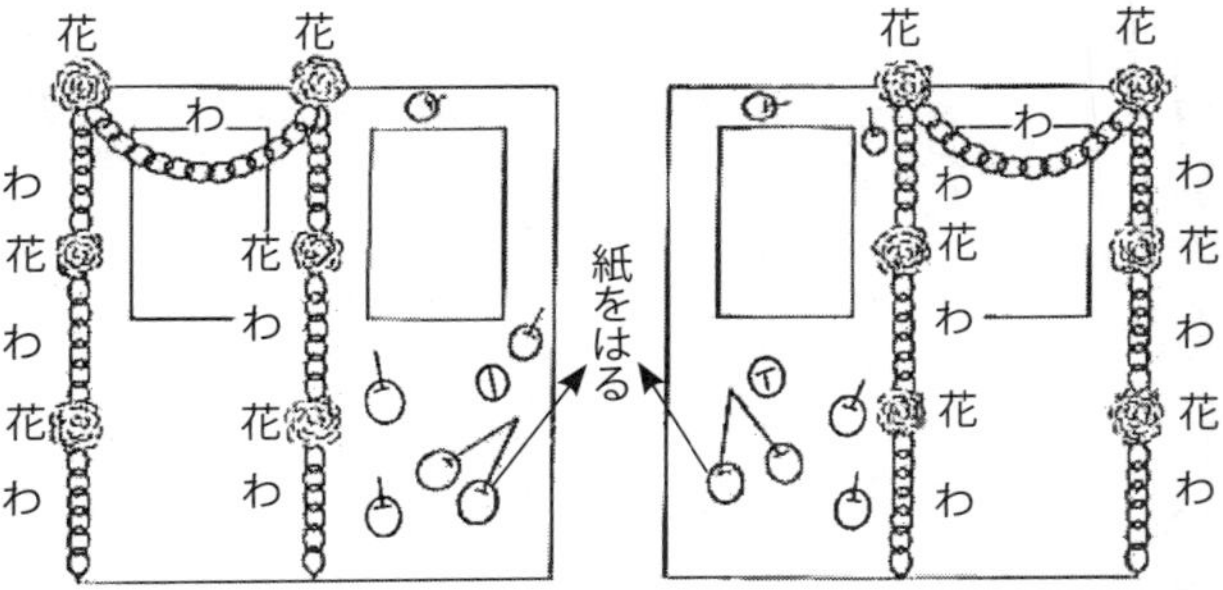

天じょうは……

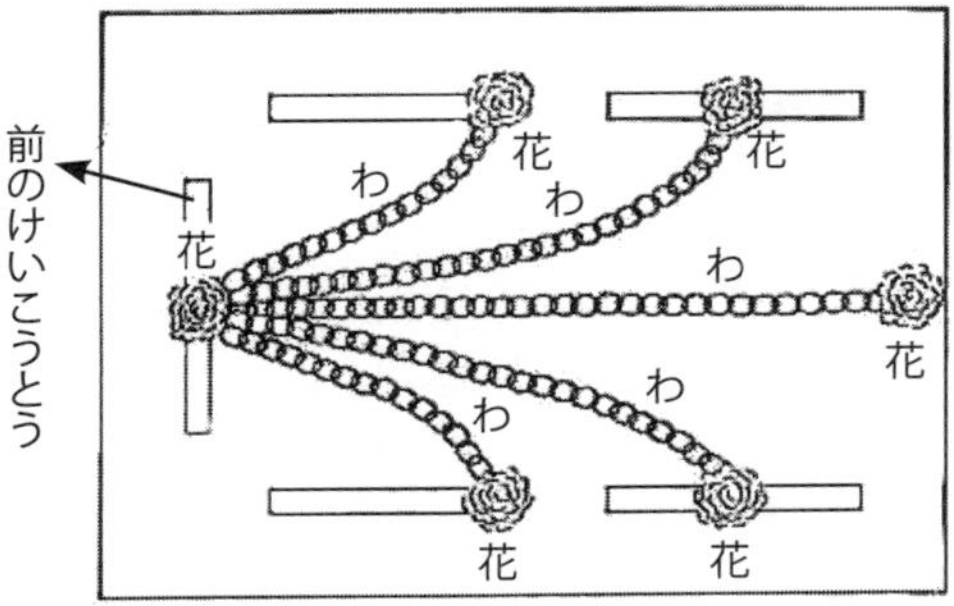

○ティッシュの花と、折り紙のわでかざる。

○まどは、ビニールテープなどで作り、まどにはる。

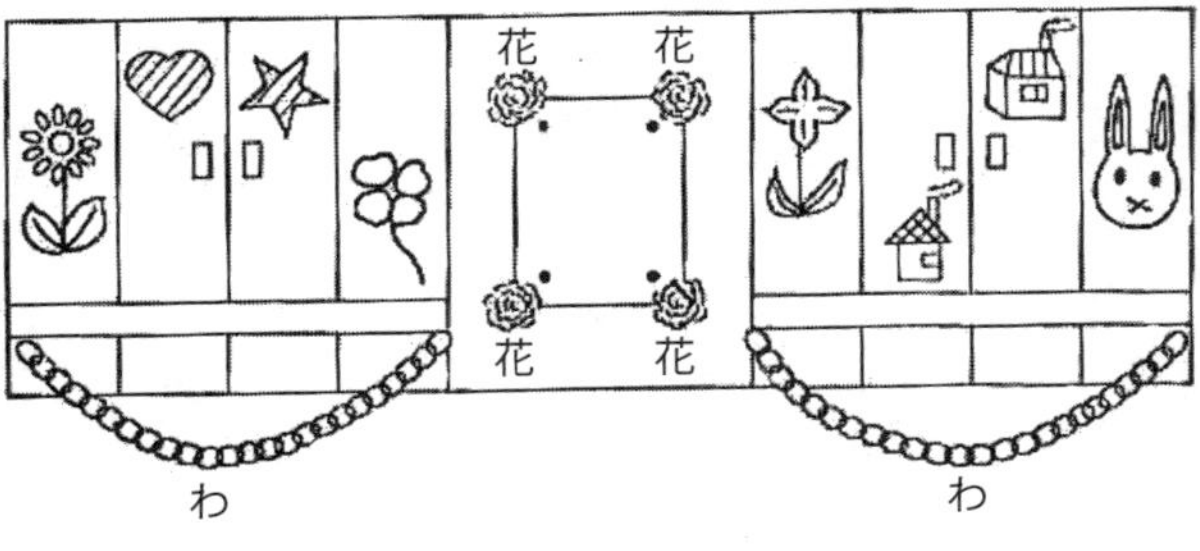

〈会費〉

○会費は、一人一〇〇円、おこづかいがない人などは、もってこなくていい。

○一〇〇円のうち、四〇円はかざりに、六〇円は食費に使う。

○かざりは、一グループ、二〇〇円で、おり紙、テープなどを買う。

○食費でドーナッツを買ったあと、お金が残ったらお菓子を買う。(お菓子になるかもしれない)

○きふは、三〇〇円以内なら、みとめる。

〈飾り〉

黒板の左右のかべには、ポスター、絵をはる。(まんがでもよい)色紙をはってもよい。

北側のかべは、学級新聞を、四一～五〇号までをはり、あまったところに、自分の似顔絵を書く。

(たとえば)

○まんがの自分　○よび名の自分

○特にさびしい所は、他のものも、つけ加えていい。

○分たん

一グループ　前の黒板をまとめる

二グループ　後ろの黒板(プログラム付)をまとめる

三グループ　戸をまとめる

四グループ　まどをまとめる

五グループ　天じょうをまとめる
六グループ　後ろの黒板の横と、北
七グループ　側のかべに、新聞をはる
○似顔絵は、全員が書く。
◎飾りの材料も、家にあったらきふする。
包そう紙、新聞紙を使ってもいい。
◎プレーヤー、レコードは、Hさんのをかしてもらう。
〈その他〉
◎係一、さし入れ係　六名（女…三名　男…三名）
○さし入れてもらったものを、七つのはんに分ける。

二、ドッジボール係　三名
○ドッジボールがはじまる前までに、線をひいておく。
三、司会　二名
○会を進める。
四、レコード係　二名
○レコードをかける。
○ケガをした時は、保健委員会へ。
◎持ちもの
一、おべんとう、おはし、水とう
二、百人一首を持っている人は持ってくる
◎バックミュージック　バックミュージックはランチタイムの時だけかける。

以上が子供の作った方針案である。

このような内容を、文書として作ることは一つの文化である。イベントの中でこそ、こうした力は育てられる。

2　お菓子のお部屋

（1）裏文化

裏文化の世界では、子供は真に子供となる。裏文化とは、ピアノがひける、絵が上手だなどという学校文化＝表文化に対置するものである。いたずらがうまい、声が大きい、値切り方が上手だ、ぬけめがない……である。パーティーは、どちらかといえば裏文化の要素が大きい。壁を飾り、天井を飾る。花を作り、カーテンをはずす。きり文字を作り、きり絵を作る。そこには、ありとあらゆる能力が集められ、巨大なドラマを創り出す。

今回のイベントの渦の中心は、学級新聞五〇号発行の機関車となったSさんであり、転校していったTさんであり、パーティーの基本方針作成グループとなった第五グループの責任者のFさんであり、学級会後一日で七つの原案（三〇枚近い）から、一二ページの基本方針を文章化しガリ版切りをした（完成は夜中の二時とのことだ）Nさんである。

七つのグループはそれぞれに責任を負い、作業にとりかかっている。遊ぶ子は一人もいず、うろうろしている子も一人もいない。それぞれがそれぞれの責任を果たすべく熱中する、こうした時のクラスの熱気はすごい。子供たちは言う。〈こんなことしたの初めてだ〉

〈こんな大がかりなのやったことがない〉〈すごくかっこいい〉。

こうした活動の中では、子供の心は解放され、互いに平等であり、責任を分かちあう。どこかのグループが、誰かが任務をさぼれば、この巨大なドラマは、たちまちストップしてしまうのだ。

私も筆をとり、正面に〈別れがあるから人の世は美しく、出逢いがあるから人の世はすばらしい〉と書いた。下手な字であるが、私の字だから価値がある。横にTさんへの卒業証書を書いてはった。

(2) お菓子のお部屋

パーティーが、いかに子供心をとらえたか。子供をとらえた点は四つあり、そのどれもが、今まで予想だにできないほどすごいものであったらしい。

第一は、方針の決定である。各グループの原案、基本方針案は印刷され分厚い一冊の本になった。

第二は、教室の飾り等の構想とその活動である。机は外に出され、壁はおろか天井まで飾られ、教室の中は一変した。

第三は、Tさんとの別れである。最後の最後、それまで楽しくしていたのがわっと崩れ、泣き伏す子が多かった。学校で初めて泣いたという子も多かった。そうした心のゆれ動きに子供はびっくりしていた。

第四は、ランチタイムである。二九軒から、さし入れの申し込みがあり、食べものは、山のようになった。

昔メルヘン（おとぎ）の世界を夢見たことが、読者にもあろう。お菓子の家があり、庭があり、食べても食べても食べきれないという情景を……。それが、教室の中に出現したのだ。〈夢のようだ〉〈夢にみたことだ〉という子も多かった。机六個を合わせたくらいのテーブル三つに、山のようにお菓子が積まれたのだ。子供の時に、一度はこうした夢の世界を味わわせてやりたいと思っていた。

その時のメニュー

・ショートケーキ　四〇個　・デコレーションケーキ特大　一個（全員で食べた）

・レーズン入りのケーキ　三五個　・なんとかケーキ（パンケーキ）二つ（女子全員で分けた）
・ドーナツ　三六個　・ココナッツクッキー　七二個
・フライドチキン　七〇個　・野菜サラダ（超特大ボウル）
・マカロニサラダ（超特大ボウル）　・肉ボール　三六個　・ゆで玉子　六〇個
・手やきせんべいの袋入り　三六個　・からあげ　三六個
・ポテト　たくさん　・やき肉　・おにぎり　一〇個　・つけもの
・みかん　一二〇個　・りんご（フジ）　一〇個　・ソーセージのくし刺し揚げ　三六個
・ビスケット類の箱　六個
・ポテトチップス、せんべいなどのお菓子の袋（これがどばっとあって　三二袋）
・アメ類の袋　七袋　・ポップコーン（自家製）　・弁当　二

まだあるかもしれないが、ぬかしていたら許されたい。子供たちはこれ以外にも、お弁当を持っていたのだ。満腹になるはずである。その昔、大四小の時には学年全部でやって、おにぎり、やきめし、ラーメン、焼きそば、カレーライス、フルーツポンチ、コーヒー、その他まで盛大にやったことがあった。もっとも、学年とかクラスとかでせっかくこういうことをやっているのに水をさし、だめにさせてしまう保護者がいるらしい。一人か、二人かの心ない保護者のために、教育はどれほど被害を受けたか分からない。

次回のために、子供たちの好物を言っておくと、まずとびついたのがフライドチキン(から揚げ)とマカロニサラダだった。フライドチキンには、そのすべてにピンクのリボンがしてあったのも気にいった理由みたいであった。あまったお菓子は、全部袋をあけて分けた。小さい弟・妹のいる所にはおすそ分けをした。

Y・M

(3) 子供の回想

大パーティの経験は、子供にどんな思いをもたらしたのであろうか。

ランチタイム

とうとうまちにまったランチタイムの時間だ。先生が、差し入れのお菓子を三つの机の上に置いた。三つの机はお菓子の山になった。みんなは三つの机に注目していた。ぼくは注目しながら、つばを飲んだ。先生が「自由に食べていいですよ」と、言いました。みんなは勢いよく、机の上にある皿を取りに行きました。ぼくも入って、手をのばして大きな皿をとって食べました。

T・N

司会

五〇号パーティーで司会をやった。司会は思ったより大変だ。まず、原こうを書くのにひと苦労だ。何度も何度も書き直しの連続で、下書き用の紙はひどくくしゃくしゃになり、破れそうにもなった。次の難は、清書用の紙に書いた文を正確に読むことだ。いざ会となると、つっかえてしまうのがくせだし、そのうえほとんど練習もできなかったところがこまった。ぼくは、司会は大変な役なんだなあと、つくづくと思った。

N・K

心で

全員で歌を歌った。肩を組みあい心をこめて歌った。T君のさようならパーティーで、みんなとてもさびしそうだった。歌っている時に泣く人もいた。みんな、T君と別れるのがつらい。でもぼくは、涙を流して泣かずに心の中で泣いた。めったに泣かないF君やN君まで泣いていたのを見た。泣くのを耐えていた人も泣いた。その時歌った〈竹馬の友〉や〈今日の日はさようなら〉は、とてもうまく感じた。

第5章

文章は個性に満ちて

1　私の実践日記

私は当時教師三年目、五年生の担任であった(一九七〇年)。プロの教師になりたいと思う一人の人間の苦闘の記録である。内容は広範囲にわたっているが、一部分のみ紹介する。もう五〇年近く前のことだから、いささかは冷静に見つめられる。

教科指導　九月二一日

子供たちの荒れているのが気にかかる。運動会の練習のせい？　そうではない。教科の指導がめちゃくちゃだからだ。自分でもいやになる。新卒当時の充実感がうすい。持ち味の良さのみでは、決して授業は長続きはしない。サークルのレポート準備を始める。やはり認識論までもどらねば……。

フォイエルバッハ　Theze

「人間は環境と教育の所産であり、従って、その環境がかわり、教育がかわれば、人間もかわるという機械的唯物論的学説は、環境そのものが、まさに人間によってかえられるということを、そして教育者自身が教育されねばならないということを

忘れている。」（藤川覚訳）

運動会練習のあと、そうじをしていないので全員大目玉、嗚呼！　子供のせいではない、自分自身のせいだ、教科指導のきびしさの欠如がこうなる。子供に要求するのではない。自分自身に要求していくのだ。

高い質　一一月一九日

学芸会、五年は失敗？　少なくとも私は満足できない。もっと高い質のものを創れたはずだ。脚本？　演出？　効果？　照明？　それぞれにわたっての高い質の吟味をしなければ、子供から質の高いものが生まれるはずがない。自分自身の非力！　非力！　非力！

子供の日常性につちかわれたものが表現されていたのが救い。「よい思い出になるでしょう」Sさんの閉会のあいさつ。何ていうことだ。よい思い出にならなくてもよい。忘れてもよい。子供たちの中に、それが力として残っていれば、それでいい。合唱の時のYさんのけんめいな姿が印象的。

討論　一二月三日

社会科「サツマイモの生産額は、鹿児島、宮崎にどうして多いのか？」活発な討論。自然環境決定論はすでに子供がのりこえている。資料不足をどうするか？　高校生用、または日本国勢図会などを使わせてみるか？

授業批評　一二月八日

昨日、中富小学校で北村先生の研究授業。協議会での私の発言要旨、次のとおり。
①結論的に言えば授業はひどいものであり、教師の押しつけである。
②子供の意見は内容からはずれており、ひびきあっていない。
③提案の内容は論理が一貫しておらず、まるでメチャクチャである。
④授業案も吟味に欠けており、授業に対する姿勢が甘い。

小口先生の新居を訪れ、石黒、井内、小口先生と向山宅にて一一時半まで飲む。井内の実践が討論の中心。批判の的。

言葉　一二月一一日

○○小　六年の詩集より〈担任は国語主任〉

海は広い

打ちよせる波を見ていると悲しいことも忘れる

夏の楽しかった思い出だけを残してくれる

広い大きい青い海の向うへどんどん行ってみたい。

これが国語主任とやらの指導だ。他の詩も同様、あたりまえのことをあたりまえに言ってるにすぎない。感動もなく、発見もなく、こまやかな心の動きもなく、自己の表現もない。これなら、詩を聞かせるだけの方がいい。

子供に読んで聞かせ、「何年生の詩と思うか」と聞いてみた。

一年…○人　二年…六人　三年…一八人　四年…九人　五年…二人　六年…二人

六年生の詩をほとんどの子は三年生の作品と思ったのだ。

詩集への子供の一口論評を紹介する。

「あたりまえのことを書いている、誰でも使えることばだ」「瞬間的な場面がぬけている」「おもしろい　しりたい　かわいそう　というのが何回も出てくる」「描写が正確でなく、ありのままでない」「きれい　すき　楽しい、どこでも誰でもいつでも言えることばだ」

「まとめすぎて　中味がない」

一行詩　一二月二二日

詩を凝縮させ、一行にまでさせてみる。

・「呑川」　ごみの遊び場だ　S男
・そうじしたい森ヶ崎の空　K子
・アポロが持ってきたみたいな、とうちゃんの手　K男
・おかあさんの手はまごの手だ　N子

反対語をつなげて文にさせる。反対のことを表現させる。

・空はとっても美しいです
・金持ちは私のあこがれです
・わたしはあなたです
・森ケ崎は子どもの遊び場です
・美人は私のことではありません
・沖縄は日本ではない
・勉強はぼくの心です

ユーモア　一月七日

本日、日直。子供たちを呼んで家庭科室で新年会。参加三〇名余。すきやきと、百人一首大会。親からのさし入れ山のよう。食べ切れず、残りを持ち帰る。暦が机の上においてあった。私「これ、だれんだ」H男「彼んだー」〈カレンダー〉爆笑！

恩師　一月一六日

全国教育研究集会、社会科分科会に出席。久津見さんの東京報告が何といっても圧巻。教科研の白井さんと久津見さんと私と三人で飲んだことを思い出す。あのような教師を本物というのだろう。白井さんが、久津見さんと私を対比させて言ったことがあるのがおもはゆい。遠く及ばない。

夜「創芸」の「流れの底」を見る。厚生年金ホール。平湯君の演出。井内が効果をやっている。その後、星野安三郎先生〈東学大教授〉と喫茶店へ。憲法学者らしく政治、憲法学習のことが中心。〈注、星野先生が我々の仲人で、奥さんは美人ですてきなお医者さん。新宿のバーでそのことを言ったら、「美女と野獣というじゃないか」と言っていた。分かってらっしゃる〉

その後、山崎先生〈北海道大学助教授〉と、六本木へ。はしごしてお茶の水へ。

国語　一月二二日
カルタ会を子供が好む。図書室でやる。M・O・N・Kの四人がうまい。四人対私で対抗戦をやり、六〇対四〇で勝つ。
国語　Ⓐりんごはあって、みかんはない　Ⓑりんごはあってⓜ、みかんはないⒶ、Ⓑのちがいの授業。「も」について調べてみる。ノート四ページになる。広辞苑がいい。

宿題　二月二日
班日記に「宿題出すな！」と連日書かれる。組織的、系統的に子供はやっているのだ。S男の文がショック。「遊びを帰せ！」
班日記の傑作　T男「今年ⓦ宿題を出すなよ」　U子「字がちがっているⓗよ」

体育　二月九日
N子に「体育をやりたい」とせまられ泣かれる。風邪ぎみなのだ。「泣いたらやらせてやる」とふざけて言ったのだがひどい。冗談でも、いじの悪いことをしてはならない。

学習塾九名　ソロバン八名　習字一〇名　ピアノ三名　琴二名　日舞一名　柔道一名
剣道一名　どこにも行ってない一〇名

通知表　三月一三日――通知表の下書き

K男「君を受け持って一年間、その中で私が君に何をなしえたか心残りの念が強い。君の転校を聞いた時の、あの驚きと寂しさを心に重く感じながら、その後の日々を過ごした。六年生まで受け持てなかった私のやりきれなさと私のいたらなさを、君が知るのは、はるかに後のことだろうが……。せめて、君がこの一年間の間に示してくれたたくましさと、一つ一つを自分で考えようとする姿勢を保ち続けてくれることを願う。君が成長する過程で、受験勉強以外の場で、学問の面白さを知ることを祈る。」

T男「父親と死別した影響は、経済的にだけあらわれるのではない。それは君の成長と共に、精神にまで押しよせてくる。今の君に何かを期待するのはむろん酷なことであるし、君が大人になるまで母親がそれを背負ってくれるだろう。経済的にどれほど貧しくなろうとも、精神的にどれほど寂しくなろうとも、けっして卑屈になるな！　こそこそ逃げまわるより堂々と敗北しろ。私も、中一の時、父と死別した。君が田舎へ転居することを聞いた時、私は浴びるほど酒を飲んだ。」

Y男　「君は何で、いつも私の目をさけるのだろう。私と目があうたびに、君はいつも、悪いことをしたあとのように目をそむけた。君が良いことをして、私からほめられている時でさえ、君は何か恥ずかしそうにうつむく。君から話しかけられたことが三学期に四度あった。『忘れ物をしました』という言葉だけであったが、それでも私は、君から話しかけられたことが、とてもうれしかった。」

M子　「あなたの〈忘れ物〉がクラスの中で目立つほど多くなり、授業中の態度に落ち着きが見られなくなったのは二学期からだった。私はそのことをいつも心配し続け、ついに五年生も終わりになってしまった。〈塾に行くから〉と言って、班長会を欠席したのは、三学期の初めであった。班長としての責任を問うことは酷なことだから、あなたも心を残しつつ帰ったのだと思うから、私は黙っていた。しかし、その日一日、私はさびしい心を持ち続けていた。」

N子　「雑草のような子というのは、あなたのような子を言うのだろう。何に対してもひたむきな積極性を持ち始めたあなたは、そのひかえ目な態度の奥に、自分の性格を創り始めた。友人に対する真の思いやりも、学級学年学校行事の中心になって仕事をした時のあなたは、見事としか言いようがない。でも本当は、このような言葉を書くことに、とまどっている。迷いがある。他人にほめられ、自分もそうだと信じ込んだ時、人はその成長をとめるからだ。あなたは、私にほめられようとして、私に認められようとして、私に注意されないようにして、行動したことが、私からの目だけを唯一の基準にして行動したことが無かっただろうか。行動する時の第一の基準は〈自分自身に対する自分の良心と誠意である〉ことを、どんな時にも失わぬように……。たとえその結果が私から叱られることになろうと、自分の良心と誠意を裏切るより良い。」

J男「君を受け持つ限り、私は何度でも言い続ける。自分の弱さや失敗をごまかそうとしている限り、良いことだけを見せようとしたり、あるいはたいして傷にならない上べの弱さだけを出している限り、君の成長はそれで終わりなんだと。教室は失敗する場所であり、そして傷つく場所である。そしてそれをのりこえ、脱皮し、大きく成長していく場所である。安心して失敗し、安心して傷つけ。君や君たちには、私がついている。」

2　よい子の日記をのりこえろ

日記の指導を長いこととしてきた。私が四〇歳を越えてからは、時間をかけるのもむずかしくなったが、それより以前はかなりの時間をかけたものだった。

私は、文字の指導、表現の指導をあまりしなかった。書いているテーマ、書き方に注意を傾けていた。

四月八日（始業式から二日目）　　Y・T

日記を返してもらった。すぐ返事を見た。どういうことが書いてあるかな。注意のことか……、など始めはこう思った。

見るとやっぱり注意のことだった。でも最後に、立派だと書いてあった。ぼくは、うれしくて、うれしくてたまらなかった。それは、向山先生に、初めてほめられたからである。注意のところを気をつけながら、きょうは書いたつもりである。ぼくの楽しみは一つふえた。それは日記を書くこと、もう一つは向山先生の書いた日記の返事を見ることである。

日記を読んでいると一日の反省ができる。日記を書いておくと、いつまでも思い出として残る。でも、日記でも書きたい日と書きたくない時があると思う。そりゃあー人間だもん。でも、それを毎日するのが努力だ。その努力を続ける一つが日記である。

日記を書かせる目的はいろいろある。しかし、その中で、私にとって大切なのは二つである。

第一は、子供の様々な生活を知りたいということだ。

そして、第二は、そうした子供の生活に、私もかかわりたいということである。言うならば、私と子供との絆であるのだ。

一、二に比べると一ランク下がるが、強いて言うならばあと二つある。

第一は(つまり第三は)、ものを見る目、考える力をつけてほしいということである。人間は頭で考える時、言語の形で考えている。その思考の言語を文という言語にする時に、整理したり、深めたりする操作が行われるのである。つまり、思考の言語と文の言語が豊かでなければいい文は書けないし、逆に文を書くことはそうしたことを豊かにしていくのである。

第二は(つまり第四は)、毎日毎日、一定の努力をする習慣をつけてもらいたいということである。それは、人間としての才能の中で、特に大切なものだと思うからである。だから、私は、日記指導の中で字のまちがいの注意などはほとんどしない。

クラスの子全員に、そんな注意ができないことにもよるが、何よりも、私の日記指導のねらいから、はずれているからである(国語の授業では、もちろんやる)。字のまちがいばかり気をとられて、思ったことがすなおに書けなかったら、大きな損失だからである。

私が、日記に対して書き入れる「注意」は次のようなものである。

イ、毎日書きなさい。
ロ、もっともっと長く書きなさい。
ハ、あれこれ書かないで、一つのことをくわしく書きなさい。
ニ、ていねいに、心をこめて書きなさい。
ホ、自分の考えを、書くようにしなさい。

Y・T君の日記なぞ、その点、すばらしいものの一つである。ささいなほめ言葉でも、これだけ喜ぶ感性の豊かさ。そして、それがまた、次の原動力になっているのである。だからこそ、心から受けとめ、細心の注意を払う。文字をいくらなおしてあげても、このようには変化していかないであろう。

ちなみに、四月八日に返したY・T君への返事は次のとおりであった。

「きちんとした文です。表面的なことをなぞった感じがして、少しもの足りませんが。一つか二つのことを、くわしく書くのです。でも、立派です。」

次の日記は、とりたてて上等だということでとりあげるのではない。むしろ、あまりよくはない。雑であり、ていねいでない。しかし、今のところ、他の子と比べて、際だって優れている点がある。それは、一点に集中し、それに対する自分の考えを、ナイーブに表現していることである。とても個性的である。読みながら、ゲラゲラ笑ってしまった。

T・M

四月一四日

今日も、五時半をすぎると、例によって「勉強の時間ですよ!」と母がどなる。

図工の時間にO君が話しかけてきた。「別に私立の有名中学に入らなくともいいんだよな。」と。ぼくは「そうだよ、中学は就しょくには関係ないよ。大事なのは高校、大学だよ。」と答えた。

四月一八日

今日、母に、てっ底的にしかられた。「ノドがいたいから、日記書くだけでいいといったのに」といって、勉強部屋中、めちゃめちゃにされた。これから人生長いのに、どうやって生活していこうか。

最高の傑作である。だらしのないT・M君がおこられたのであろう。部屋中めちゃめちゃにされたという、オーバーな表現。ユーモアなのだ。そして、その部屋で、五年生の子供が「これから人生長いのに、どうやって生活していこうか」と、うでを組んでいる姿を想像されたい。このセンスのよさ。このユーモアのあふれる表現がほほえましく、うらやましい母親と息子の関係。何度読んでも、おもしろい。実に個性的だ。

さて、何人かの日記を続けてみる。

四月一八日　S・K

きょうは、とってもうれしい。体育の時間に、前にとびこむのをやって（とびこみ前転）、先生に、力強く「合格」といわれた。私は、うれしくて、うれしくて、たまらなかった。雲をつかむくらいに、とびあがった。次にやった時に、「うまい」と、いってくれた。人まちがいかと思ったが、やっぱり私のことらしい。うれしかった。先生に、ほめてもらっただけで、とてもうれしい。なんだかとってもうれしかった。教室にかえる時にスキップでかえった。先生、ありがとう。

五月六日　T・I

日記ぬかすんだもんね――！　ぬかしたいんだもんね――！
ぬかしたんだもんね――！　書かなかったんだもんね――！
ノートのページかせいだんだよ――！　イッシッシ――ダ!!
かわいいでしょう。?.?.さん、そっくりね――。
アッタリメ――ダ――ナ！

二月二日(水)

M・N

先生とつぜん聞くけど奴隷っていう字おかしいと思わない。今までもこう思ってきたんだけどもね。それはねえ、女へんだとゆうこと。だいたい女へんがつくと女に関係するでしょう。姉・好・妻・あげていったらきりがないんだけど、たとえば姉という字だったらば、あねというのは女でしょう。

そう考えると奴隷とゆうのは女とゆうことになるよね。じっさいにはそうじゃないけれど、そのとうじ女とゆうのは、奴隷どうぜんだったのかな。そうだよね、でも、ひどすぎるよ。女へんが付くなんて。ひどいと思わない? つまり差別だよね。女は、一人まえの人間と見てくれないんだ。昔なんか、女は男のだしだもんね。だって女は子供を生めばぽい。仕事をしおわればぽい。でも今は少しはよくなっているよね。でもまだだ。女子がんばるゾー。エイエイオーッ　バイバイ

〃教育とは戦いである〃という意味の文を「大塚だより」に書いた。本当はそんなに、かっこいいものではないかもしれない。〃私にとって、教育とは、戦いでありたいと思うほどの内容を有する対象である〃と言った方がいいのかもしれない。私も傷つき、子供も傷つ

くことの中から、何かを創りあげていきたいと思っているといった方が正確かもしれない。近ごろ、自分の言った言葉に、照れてしまうようになってきた。(年か?・)
ハシにもボウにもかからないような日記が、ヨウジの先ぐらいに引っ掛かるような手ごたえを感じる時がある。嬉しいものである。

3　学級新聞　――また授業参観――

私の教室では、学級新聞がよく発行される。新聞社が三つも四つもできる。三、四人ぐらいでグループを作るのである。記事も、いろいろである。ただし、学級生活に関係のあるものという条件は出してある。

《一一〇号　また授業参観》

やっと、授業参観が終わった。お母様がたが、教室を出られた後、K先生が、「お母様、大勢きたねぇ、四〇人ぐらい、いたかしら。」と言った。「あ、でも三四人の生徒に、四〇人のお母さんがいるわけないよね。」と。K先生も、専科の先生だから、めったにない授業参観で、あがってしまったのだろう。それにしても、「楽しい仲間」は、ドキッとしたですね。予想外で、練習も全くしていなかったから……。それでも、授業参観が終わった時の気分って最高ですね。

《一一七号　クッキーデー》三月一三日

クッキーデーは、今日です。これは、バレンタインデーと似ています。ちがうのは、バレンタインデーは女の子が男の子にあげますが、クッキーデーは男の子が女の子にあげるのです。おはずかしながら(?)私ももらったことがありますが、なぜか、チョコレートやあめだったりするのです。それで名前も住所も書いていないので、毒が入っているかもしれないと言うことで、いつもすててしまいます。もったいないといつも思いますが、毒入りチョコレートの例もありますから、しかたありませんよね。だから女の子は、名前の書いてあるクッキーを待っているのですよッ男の子さん。それじゃなくちゃ、食べれませんもの。それで、なぜか、こういうのは、てれくさいことがありますよね。たとえば、お母さんに見せると、異様な目つきで見られたり、お姉さんに言ったりも出来ません。だから、そっと取っておくのがいいのかもしれません。よだれが出てもがまんするのが、つらいとこ、といった感じです。

《一二五号　恐怖の通知表》　三月二三日

また、いやーな季節が来ました。一年に三度ある、この行事、思っただけでも、ゾ〜〜っとします。文字で書くと、学校を、休まなければならないほどの、ほっさが、起きますので、省略します(?·)。その、あれをもらう前の修了式って、そわそわしますね。

さて、皆さんへの、通知表のメッセージ。あれ、の内容が、二学期よりも、よくなっていた場合、その時は何も、困ることはないでしょう。普通にしていれば、まずは、ほめられることでしょう。

二学期と全く同じの人は、自分なりに、努力をしたけれど、その結果がまだ出ないから、来学期は、頑張ります、といえば、まあ、八〇%ぐらいは助かるでしょう。

二学期よりも、わるくなっていた場合、この場合は、自分の努力が、足りなかったわけだから、ゴマカシ、しか方法がありません。たとえば、どこかへ、出かけることです。内容的に言えば、図書館に勉強しに行くとか、公園に体力作りの、なわとびをやりに行く、などがいいでしょう。

でも、成績がわるいから、自殺や放火、どろぼうをするなんてバカなことは、ぜったいにしないでくださいね。まあ、大船に乗った気持ちで来学期は頑張ってください。学校の成績だけが、人生のわけではないから……。この他にもいろいろ考えて独自の、〃お説教を、最小限度に、静める方〃を創ってください。

それでは、六年生まで。

サ・ヨ・ウ・ナ・ラ

4　文集　――森ヶ崎の子ら――

文集を発行する時がある。子供たちが自主制作をする時もあれば、私が制作する時もある。

次の作品は、「森ヶ崎の子ら」Ⅱ集からのものである。（名前は仮名にしてある）

「先生のこと」　　　山田　真美

まい日、向山先生は、
おなかを、でっぱらして、学校に、きます。
わたしから、先生の、ハナを、みると、
だんごっパナを、している。
向山先生は、わかしらがが、はえていて、
グローブ　みたいな、手を、しています。
先生は、わたしの家に、くると、
きゅうに、おとなしく、なつて、
人の、かおを、にやっと、みます。

先生の、ひげに、さわると、
たわしを、さわっている、みたいです。

「氷見ともりがさき」　　　かわせ　てつじ

ぼくは、
ことしの三月まで、氷見市にいた。
山にかこまれた、山のがっこうだった。
ドッチボールや、ソフトボールで、
あそんだ。
どれだけ力をいれても、
ガラスがわれないほど、
うんどうじょうは、ひろかった。
こうていがあくので、
ドッチボールをする人が、ほかにもいた。
氷見市のがっこうから、しまが見えた。

そのしまは、
なみやあおい水が、
そのまわりに、あたっていた。
もりがさきのがっこうからは、
えんとつだけが見える。

「とうちゃんの手」　　　　田村　公康

とうちゃんの手は、
でかくて、
かたくて、でこぼこして、
きいろっぽくて、へんなにおいがする。
それに、おもいっきり、にぎると、
アポロ飛行士がもってきた
月の石みたいに、かたくて、でこぼこしている。

「呑川のふなとり」

かまた　じろう

あめふったあと、
そばの川にフナが流れてきた。
「いまだ、それつかまえろ。」
と、あみをさしだした。
さかなはすぐにげてしまった。
「こんどこそ」と、やったら、
一匹、二匹。
あとは、もうつかまんない。
夜までやったが二匹しかつかまんない。
二匹だけならと池にはなした。
フナの口からも、からだからも、油が流れ出た。
まるで、死神にとりつかれてるみたいだった。

「土」　　　　　　　　　　松岡　晴子

いつからだろうか。
私の前から土という言葉が消え去ったのは。
いつからだろうか。
土が土でなくなったのは。
いつからだろうか。
土の道がアスファルトに変わっていったのは。
道の下にねむる、あの土……。

「向山洋一」　　　　　　　　小野田　剛

この人は差別が大嫌いだ。
この人は悪いと思った事を徹底的にせめる。
この人は将棋・囲碁・麻雀・パチンコ・音痴な歌が大好きだ。
この人は本を読むのが大好きだ。
この人は教師であって、みんなの友達だ。

「？……」　竹岡　則隆

題のない文なんかおかしいけれど、いくら考えても考えても出てこない。
ほんとに、笑っちゃう。
わっはっはっ。
また、笑っちゃう。わっはっはっはっはっ。
ほんとに笑っちゃうよなあー。
ほんとにおかしいよなあー。

「家の仕事」　本木　孝

僕の家はスポットを作っている。
父と母がつかれると、僕はお茶を持っていく。
毎ばんおそくまで働いている。
ごはんもくわずに働いている。
父と母は、人なんかに負けないぞとはりきっている。

第6章

子供模様

五年生の子供は、学校の行事や事件を経て、成長する。次の記録は調布大塚小学校時代のものである。

1　一〇〇%完泳の巻

水泳が苦手だったIさんがクロールで二五m泳いだ。プールサイドはもう大変なさわぎであった。続いて平泳ぎで二五mを泳がせた。これも、ゆっくりではあったが泳ぎ切った。一挙に三級である。そして、昨日、プール納めのあと、Gさんにも泳がせた。これは平泳ぎでやらせた。Gさんも二五mを泳いだ。プールサイドにいた男の子たちは大はしゃぎであった。これで、全員泳げるようになったわけである。Hさんも二学期から毎日出てきて三級をとった。転入のOさんも三級をとった。次々と二五mを泳いだわけだ。

学校へIさんのお母さんから、声をはずませたお礼の電話をもらった。全員を泳がせるのは教師の仕事である。そうではあるが、それはやはりしんどい仕事だ。このクラスを受けもった時、およそ半数が泳げなかった。でも、五〇%を九〇%にするのは、九〇%を一〇〇%にするより、一〇倍も一〇〇倍も楽である。残りの何%かが大変なのだ。だいたい、いろいろな理由をつけてプールを休みがちになる。本人の意志、まわりのはげまし、教師の努力が一体とならなければ、それをのりこえることはできない。

かつて田園調布小で、プールの記録会があった。量といい質といい、他校を圧した感があった。平泳ぎなど、五年六年男女とも全種目で一位である。Tさんが五〇m平泳ぎで一位。Nさんが五〇m平泳ぎで一位。Mさんが二五m自由で一位であった。Sさんのお母さんが応援に来ていた。

終了後、反省会がもたれた。田園調布小のPTAの役員さんも同席していた。とってもすてきな方々であった。その会長さんが、自分の子供は今年やっと二五m泳げるようになって、参加できた喜びを述べていた。

調布大塚小に続いて、このときは田園調布小も多数参加していた。今までは、タイムで参加者を制限していたらしかったが、このときはなくしたらしい。この前は他校の倍以上もの人間を連れていって、多少うしろめたさもあったが、このときは田園調布小もそうなので、嬉しかった。

私はその場で次のような発言をした。「私は、前回も述べたとおり、全員が参加できない記録会のような連合行事は、賛成しかねるのです。小学校における行事は全員参加が原則と思うからです。しかし、私の意見は通りませんでしたので、出る以上、全員を泳がせようと、学年の先生方と必死でした。先ほど東一小の先生から、大塚小はどんな特訓をしたのかと聞かれましたが、私たちは選手の特訓はしませんでした。しかし泳げない子の特訓はしました。現在、学年で二五ｍ泳げない子は四、五名です」「残りは、四、五名」というところで、会場から〝ほう〟というおどろきの声があがった。

他校の先生から〝大塚小のように底辺を広げることがきわめて大切だと思います〟の発言があった。

終わった後、例のＰＴＡ会長さんが言ってくれた。「私は向山先生の御意見に大賛成です。今年、田園調布小がたくさん参加したのも、大塚小のえいきょうがあったからだとも考えています」

誰だって、教師である以上、勝負より、みんなを出したいと思っている。しかし、伝統的習慣はなかなか変わらない。それの小さな小さなきっかけになったかもしれないとは思っている。

とまれ一〇〇％完泳、久しぶりに充実した心で書いてみた。

2　運動会余話

「出発合図」の係というのだろうか、ピストルを撃つ係をやった。私は気が小さい男だから、てれくさくてしようがない。その昔、得意そうにやっている年輩の教師がいたが、そういうのは漢《おとこ》ではない。

演技の最初、五年生の徒競走は、てれくさくてしようがないから、バンバンピストルを撃ったら、五分間で終わってしまった。審判係が目をまわしたらしく苦情を言われ、以後は審判がよしという手をあげてから、ピストルを撃つことになった。

私は行事の時は教師はどこにいるのか分からないくらいがいいと思っている。子供が目立てばいいのだ。しかし、この地域の考えは、どうもそうではないらしいところがある。

「組立体操」の係もやったことがある。五・六年男子でやるのがふつうだが、女子も一緒でということになった。なんでも一〇年以上も本校では、組立体操をしてないらしい。調布地区は少ないとも聞いた。

個々にやらせてできていれば本番は大丈夫と思っていた。火事場の馬鹿力と同じで、そうした場面を何度も見てきたからである。むろん絶対の自信があった。日ごろから、よほどきたえておかないと〈イザ!!〉という時だめである。逆に言えば〈イザ!!〉という時できる人間はよほどしっかりしているのだ。〈徒競走〉の両腕と足の位置は正三角形になる。これなど一学期から教えているのだが、当日できたのは半分であった。一直線になってしまうのである。Aさんも目についた一人で、彼は〈きちんとやる〉という強さと〈イザ!!という時〉の心のきたえが、まだ調和していない。Aさんみたいな子が多い。

Sさんのおばあちゃんからの伝言があった。「先生かっこよかった」とのことであった。私はどちらかというと女性が好きで、それもご年輩の方が好きだから、うれしかった。(これは一年中年下の女性につきまとわれているせいだ。〝センセイ、オンブ〟など)

組立体操でほめられたり、スターターでほめられたり、職員競技の馬力をほめられたり、顔がいいとほめられたり(ウソ。これが一つもなかったのが残念だった)した。たくさんの三代目が来ていて、話ができたのも嬉しかった。

3　僕らは少年探偵団

ある日朝礼の時、TさんとEさんが校長先生にほめられた。なんでも警察署長から、引ったくり逮捕の時の大活躍を感謝する電話があったらしい。スーパーで引ったくり事件を目の前にした二人の美少女、明智探偵よりもす早い判断で、交番にかけつけ、そこに人がいないのを知ると、ホームズの如き決断力で一一〇番に電話し、矢つぎばやの質問に「記憶にございません」「忘れました」という返事は一度もしないで、スラスラと答えたという。

Tさんの日記

私は、今日、どろぼう目げき者となった。Kさんの家へ行く方の角で曲がり東光（スーパー）の方へ向かって歩いていたところ、三井銀行の辺で、男の人が走ってきて、そのあとを、中年のおばさんが走りながら「どろぼー。つかまえてー。」とさけんでいる。

私とすれちがった時、男の人の姿をパッと見た。そして私は、全速力で走り出した。交番に行ってあげようと思ったのだ。まわりの大人は、だれ一人、助けようともしない。私は、「ずるいなあ」と思いながら走った。その時、Eちゃんもいたのだ。Eちゃんはおろおろして、まわりの大人の人のような態度をとっていた。が、私が、「警察ー！」とさけんで、ついてこさせた。ところが、パトロール中で人がいない。一しゅん、はっとしたが、「一一〇番！」と言い、電話をした。息が、はっはっしていた。

一一〇番「いつ」　私「今」

一一〇番「どこで」　私「東光の前で」

一一〇番「何が」　私「どろぼうが」

一一〇番「どうした」　私「あった」

一一〇番「どこ」　私「雪ケ谷大塚の駅前の交番」

一一〇番「とった人は」　私「若くて、二五歳ぐらい」

一一〇番「とられた人は」　私「中年のおばさん」

一一〇番「犯人の服装」　私「ジーパン上下、今はやりの黒いめがね」

一一〇番「とられた物」　私「大きい茶色のバッグをかかえていた」

一一〇番「名前」　私「調布大塚小五の二、TとE」

その判断力は、我ながらすばらしかった。とにかく、一秒間もおしかった。なんか、あとで、私一人の責任になるとこわいので、Eちゃんがそばにいたので Eちゃんもいってしまった。少し、悪いなあとEちゃんに思ったが、犯人がつかまったのでよかった。パトカーが来て、また同じようなことを聞かれた。初めての経験で、どきどきした。まわりの人が、みんな聞くんだもん。

女の子のたくましさ、かくの如きである。男子諸君、ゆめゆめご油断なされるな。それにしても、会話の明確さ、見事なものである。

4　Nさんの転校

Nさんが転校した。昨日六校時に、Nさんとのお別れ会がもたれた。集会係がすべてをとりしきった。司会はOさんであった。Tさんが開会の辞を述べた。Nさんが別れの言葉を述べた。言いながらNさんは泣き出していた。

Tさんが、別れの言葉を述べた。力強い、しっかりしたいい方であった。「このたびは、Nさんが急にひっこすことになりました。Nさんとは長いつきあいでした。楽しいこと、おもしろくないこと、いろいろありました。ぼくたちといっしょに、つらいことをのりこえてきました。メンバーの一人をなくし、とても残念です。向こうの学校でも、元調布大塚小五年二組であることを忘れないでください。そして、がんばってください。五年二組代表T」というものであった。

続いて、一人一人が、何かを言いながら握手をするのであった。Nさんは泣き続けていた。「あまり遊ばなかったけど、転校が残念です。私たちのことを忘れないでください。さようなら」などと言いながら握手をしていた。どの子の顔も、緊張していた。

続いて、討論に入った。Nさんの良さを言うのである。授業の時と同じで、指名されなくても、次々に立って発言した。男の子も、女の子も……。Nさんが、いかに心の優しい人間であったか、エピソードをまじえながら、うきぼりにされてきた。討論は、Nさんの欠点にうつった。「もっと強くなれ」というのが多かった。誰も知らないところへ行くのは、一つのチャンスだから、でっかくやれというような子もいた。転校した先で、早く友人を見つけるようにという子もいた。

全員で輪をつくって、合唱をした。「若者たち」と「竹馬の友」であった。みんなで肩をくんで歌った。最後に、私もあいさつをした。「わたしたちのことを忘れないでくださいとたくさんの人が言ったけど、みんな忘れていい。これから一〇年もすれば、誰が同級生であったか、多くは忘れていくのだから……。過去のことを、そんなになつかしがらなくてもいい。教室で学んだことは、どこで学んだか忘れても、その人間に残っていくものだ。たくましく生きていくことだ。努力できる人間になることだ」。そんなことを述べた。そして、「惜別の歌」を歌った。

終わった後、校庭で、手つなぎ鬼をした。どの子の顔も汗で光っていた。そして、下校まで、全員で講堂でドッチボールをした。私もNさんの組に入った。男の子で、夢中になり本気で女の子に当てている子が、一、二人いた。しかし、ほとんどの子は、心から楽しんでいた。

女の子に当てる時は、ちょっとゆるめたりしていた。そういう心づかいに、たのもしさを感じた。

集会係の計画で、私はひとことも口出ししていないが、実にすばらしい、お別れ会であった。

第7章

教室を支える絆

1　教師に便りを出す

私は毎年全国各地から多くの便りをもらう。親、同僚、サークルの仲間、いろいろである。便りをひろげてファイルに綴る。そして、一年毎に製本する。毎年本の二冊分ぐらいの量になる。できる限り返事は書いているが、ただ、字は雑になってしまった。

私は万年筆モンブランの一四九と一四六を三本持っていて、原稿、手紙はそれで書くのだが、太い万年筆がすべるままに文をすすめるから、字が乱雑になってしまうのである。もっとも、そうでなければ、原稿や返事を消化しきれないだろうと思う。

反対に私から便りを出す時がある。調布大塚小学校では、三年学年主任のA先生を中心に、日刊に近い学年通信「山びこ」が出ていた。私は一五〇号の時、それを祝って投稿した。

山びこの一五〇号を心から祝います。　　　　向山洋一

〃山びこ〃があるおかげで、私は、どれほど力づけられたかわかりません。

乏しい時間をやりくりして、指導のあい間に原紙に向かうのは、やはりしんどいものです。

しかし、力の足りない教師である私は、少しでも、いろいろな力を集めたくて、新聞を発行しています。

学級通信スナイパーを一七〇号まで発行してきました。そうした仕事をすることに際し、〃山びこ〃があることに、どれほど励まされたか測り知れません。

ここにも、同じく教育の仕事に熱心に謙虚に立ちむかう仲間がいるということが、私の一つの心の支えでした。確かに、私たち教師は、いろいろな欠点があります。力ない教師である私は、よくそれが分かります。

しかし、そうした欠点はあっても、同じ学年でみんなが一緒に仕事に取りくんでいるということは、とてつもないエネルギーを発揮するものです。どれほどすぐれた教師の教室経営より、まじめな教師の集団の力の方が大きな教育作用を持っていると私は思っています。

前任校で私は「学年通信」を発行していました。三人の教師で一三〇号まで発行し、卒業させました。その時の教師としての仕事は、今でもずっしりと手ごたえのあるものでした。

学級通信にしろ、学年通信にしろ、年間五〇号が一つの目安です。五〇号を超えれば立派なものです。一〇〇号を超えるのは、ものすごいものです。大田区の小学校は六一校、延べ三六六学級の中で学年通信が一〇〇号を超えているのは、三つもないと断言できます。それが一五〇号です。それも毎回、中味の濃い内容をびっしりと書き続けてです。これは大変な仕事の量なのです。

教師を育てるのは、母親の大切な仕事だと思っています。率直にいって、この地域の人は、教師を育てるのが下手だと思っています。良い教師を育てる極意は、はっきりしています。〈良い事を良い〉と口に出していうことです。どんな教師にも、良さも、悪さもあります。悪い点などほめてはいけませんし、言いもしないでしょう。〈それがたまり、たまると喧嘩腰で出てしまうのです。〉しかし、〈いい事をいい〉と言うのは、いいやすいと思います。〈熱心に笛を練習しています〉〈この前ほめられて張り切っています〉そうした、いい点を、私は言った方がいいと思います。それは、お母さんたちが考えられる以上の効果があります。

この地域は、〈いい事は、まるで言わないで、悪いことをかげでばかり言っている〉という傾向があるように思えます。だから結果として、良いことも、しぼんでしまい、伸びないのです。あいかわらずの古い教育がはびこるのです。

運動会の時、組立体操が良かったなら、それをはっきりと口にし、言ってくれれば、来年もまた、しようと思います。〃大塚だより〃が今年から変わりました。無味乾燥的なことを出来る限りさけています。二年のお母さんが、校長先生あてに、手紙をくれました。〃素晴らしい〃と。たった一通です。しかし、そのおかげで、担当者のA先生と、私は、どれだけ励まされたか分かりません。それは、大きな力となるのです。

〃山びこ〃を一五〇号まで育てたお母さんたちです。「自分だけ黙っていて、いい事にありつこう」なんてことが通用しないのは、ご存知でしょう。良い教育とは、教師と、父母が手を携えて育てて行くものです。より価値ある教育を産み出したいという共通の願いへの努力を、私もまたすることを誓い、〃山びこ〃一五〇号へのお祝いのことばとします。

2　学校経営案　——全小音研会長の便り——

（1）研究の場

私は、法則化運動を立ち上げるまで、大きな研究団体に所属したことはない。だから、一つのことを長期にわたって、深く研究したという経験をもたない。また、誰かに師事したという経験もない。私にとって、研究の場は二つであった。

一つは「京浜教育サークル」という、小さな小さな研究会である。大田区に赴任した四人の新卒教師が作った会である。月に二回の研究会で、規則なし、会費なしの大雑把な会である。印刷してきたものならなんでも提案できる、逆に言えば、口頭では何も提案できないという暗黙のルールがある。

提案されるものも、何一つまとまりがない。音楽教育があるかと思うと、社会科教材の開発「多摩川」シリーズの提案がある。週時程の問題点が出されるかと思うと、全国放送教育研究会への提案がかけられる。著作集のプロットが示された後に、新卒研修会での「国語研究授業」の指導案が持ち込まれる。給食指導の「箸」の問題が言われるかと思うと、マイコン利用の教材開発の企画案が配られる。「向山学級の児童の実態」とでもいうような、コンピューターが打ち出した厚い資料を千葉大教育社会学の研究室が持ち込むかと思うと、障害児学級の教育計画という個人別のプランが話される。

だから、私のサークルの連中は「京浜教育サークルは何を研究するサークルですか」という質問が一番困るという。「なんでもやっています」と言うべきか、「何もやっていません」と言うべきか、一言で説明がつかないのである。

以前、波多野里望氏(当時、学習院大教授)が来られて、国際会議での採決方法に話題が集中した。教育の世界では「完治・勤子」の長男として話が通じるであろうし、そうでなくてもベストセラー『少年期』の一郎少年なのだから、そこらへんの話を聞いてもよさそうなのに、これまたプライベートな話は全くなくて、「採決方法」で数時間を話し合った。さすがに国際会議の舞台をふんでいるというか、国際法の専門家というか、話題は迫力があった。

このようにまとまりのない、雑談にあけくれている京浜教育サークルが、私にとって一つの研究の場である。

もう一つの研究の場は学校である。これもまた誤解をおそれず粗く言えば、私にとってはまとまりのないものであった。ある年は視聴覚教育、ある年は児童活動、ある年は社会科教育というように、ばらばらしたものであった。私はそれにどう対応してきたかといえば、自分の力の全力をあげて取り組もうとしてきたと言いうる。その結果を一言で言うと「私にとって大変よかった」ということになる。

学校の研究を、自分の中心的な研究対象にするということは、精神衛生上とってもよかった。自分で研究をすすめればすすめるほど、学校内の研究へ反映できるのだから都合がよかったのである。これが、別の研究対象をしっかりともっていたとしたら、学校の研究と自分の研究の二本立てをいつもやっていることになり、私の力量では手にあまっただろう。もっとも、長所があれば短所もあるわけで、私は今もって、「私の専門教科は〇〇です」と特定することができない。これはこれでよいのだと、自分では思っている。

というわけで、私は誰にも師事したことはないのだが、あえて一人あげるとすれば、石川正三郎先生である。私が新卒で大森第四小学校に赴任した時、校長として赴任された方であった。陸の孤島のような海岸近くの学校からバスで三〇分、蒲田駅につく時は、いつも日は暮れていた。私は毎日のように石川先生と飲み屋へ行ったものだった、管理職に対する批判、教育の国家統制に対する批判などを私は言ったものだが、先生はよく聞いてくださった。「校長先生より私の方が、授業の腕は上でしょう」という無礼な言葉にも「そうだ、そうだ」と耳を傾けてくださった。「アジ演説はいけない。子供の前に立つ以上、資料を十分に準備して授業として耐えるものをすべきだ」とくり返しくり返し言っていた。

上・中・並とランクをつけたら、並の下に入るような酒場で、私たちはよくしゃべった。これが三年続いた。三年の間、石川先生は新卒教師にまともに対応してくれた。私だけにではなく、他の若い教師に対しても同じであった。それから十数年後、私は石川先生が最後に校長をされた調布大塚小に勤務した。夏の暑い日、私は古い職員会議議事録を読み通していた。学校経営の方針という四月第一回の職員会議の議事内容が目に飛び込んできた。

教師は本気でみがきあう集団でありたいということを骨子とした内容であった。久しぶりになつかしい雰囲気にふれて、私はそのページを何度も何度も読み返した。

(2) 学校経営案

「学校経営案」といえば、一つの重要な出来事があった。ある時、私は東京都昭島市立東小学校の校長先生の「学校経営案」を目にした。それは次のように書き出していた。

学校経営――私の人生観・教育観――

その中に「現実の子どもたち」「本年度の重点」が続き、最後に「最近の私の心をとらえたことば」が列挙されていた。

① 教師がその職にある以上、教え子を信じる頑固さとそれを具現化する執念を決して失ってはならないと思う。
② 教育は手品ではない。授業は形ではない。
③ もし教師の権威というものがあるなら、それは外的なものではなく内的なものである。
④ 教師も成長を続けなければならない。教師の成長と子どもの成長は一体のものである。
⑤ 基本の上に、一つ一つの応用を積み重ねていくことが遠まわりのようだけど実は近道なのである。
⑥ 授業は教材を教えこむことだけでなく、実は教材をめぐるさまざまな子どもの思考の混乱を、一つ一つ整理し解決していくことを通して内容の理解に至る活動である。
⑦ 教育の仕事は、もともと時間のかかるわけだから手品のようにはいかない。

⑧　失敗を恐れることは悲しいことだ。失敗の連続の中から本物が創られてくる。
⑨　内容を理解することは、覚えることとは別だ。
⑩　どんな子にも可能性のあることを信じ、たゆみなく続く努力を重ねるのが教師の仕事だと思う。
⑪　鍛えられない子は弱くもろい。クラスの中で腕白であっても、学校全員の前で舞台に出すと、しりごみしてしまう。必ず鍛えられていないからである。

（向山洋一著『教師修業十年』より）

私の著作からの引用なのであった。私は恐縮して、その学校の校長先生に便りを出した。便りは何度か往復した。

二度目か三度目のころの私の便りは、次のような内容であった。

教師の仕事に自分の人生を刻みつけている私にとって、同じ道に生涯を刻みつけてこられた先輩の生き方は快いものです。まして、校長の職にあられる先生が「唯一つ子供たちの為に、私のすべてをつくして」と心に期せられているのを知ってはです。私は、著書にも少し述べてありますが、教師になりたての頃は、校長という仕事にあたっている方々が好きではありませんでした。教育を害する存在であるとさえ思ったことがございます。愛媛・香川の教育が、私の目からは異常な姿と見えたのです。そうした想いは今もかわりませんが、しかし、すぐれた、頭の下がる実践もずいぶんと耳にするようになりました。

今の私は、現行の法体系の中でも、よりすぐれた教育を創り出せるのではないかと思うようになりました。その方法は、粗く言って二つございます。

第一は、学習指導要領の総論「学校の教育課程は学校で編成する」という内容を実体化することです。例えば、私は数年前から生活指導主任の仕事をしています。区内で最も若い主任なのですが、そのせいでしょうか、ずいぶんと気になることがありました。生活指導の基本スタイルが、生活目標を守らせることであり、その目標内容が躾に偏りすぎているということもその一つです。ちなみに、東京都の生活指導の目標は「個性を伸ばし、集団生活に適応させる」とあります。そうしますと、「個性を伸ばすこと」や「他律から自律への指導の見通し」が、まるでぬけ落ちていることになります。ですから私は、「生活目標」一つをとっても、根本から考えざるをえませんでした。その結果、例えば次のような変更を行いました。

（旧）遊びの規則を守ろう。　　　（新）外で汗を流して遊ぼう。

この改正が意図したものは二つでした。一つは消極的な内容から積極的な内容へ一歩すすめたことでした。一つは評価が可能な目標にしたことでした。この場合で言えば、「汗を流す」がそれにあたります。この目標は大変に好評で、低学年の子供たちは「先生、汗を流して遊んできたよ」と口々に報告に来たとのことです。

第二の、よりすぐれた教育を創り出す方法とは、やはり平凡なことながら、授業の改善であろうかと思っております。教育の仕事は、わずか数ミリでも前進させることに、それはそれは大変な労力がいるものですが、私もまた着実なささやかな努力をしてまいりたいと思います。

先便によれば、一年間の休職をされた後とか、お身体をくれぐれもおいといになられて、良いお仕事をされて下さい。

向山洋一

（3）校長先生からの返事

校長先生からは、何度もていねいな温かい便りをいただいた。ご本人の了解を得ているので、一通紹介したいと思う。

先生からのお便りが、今の私には一番新鮮な刺激となっております。年齢の違いもありましょう。今日まで辿って参りました過程にも違いがありましょう。またお互いの立っている人生観にも異なった要素があろうかと思うのです。しかし、教育のことについて語らいができ、子どもたちのことについて話し合いができ、こうして手紙が往来できているることは、何とすばらしいことではないでしょうか。

私が平素思っていますことは、自分の師と言える人はそう多くいないかもしれないが、考え方によっては師と仰ぐ人は無数にいるのかもしれないということです。人とのふれあいを大切にしたいと考えているのはそのことです。多くの先生方の意見や考えというものは、私の考えをまとめてくださる大切な糧ですし、又そのような場面が多くあるということも、先生のご指摘のように私にとってのこの上ない幸せであると考えています。はからずも、先生とこうして手紙の上でのことですが、お互いに虚心に意見を述べ合えるということも、又幸せなことだと思います。

一年間の休職期間中に世界的なできごとが随分ありました。その一つ一つについて、私なりに改めて「真実というものは何なのか」「正しい価値判断とはどんな仕組でできるのか」を考えさせられました。私の子どもたちを、将来共「正しい価値判断」のできる子にしてやりたいのです。時代が変われば、そのことの価値も変わるというような安易なものを教えてはならないと思うのです。そのことを「真理を求める」というような言葉で言えばよいのかもしれませんが、余りに目の前の現象のみに目をうばわれて、本ものを見失う子にしたくないと思うのです。私が経営案に「大地」をとり上げましたのも「深く掘り下げて根を張れ、高く枝を伸ばせ、太陽の光を多くとれ、教師は土つくりのようにたえまなく肥料に心して、水やりを考えよ」という立場から申し述べたものです。大地は果てしない広がりを持ち、人間の営みで豊かにも貧しくもなるものです。

八月も半ばを過ぎました。いささか夏バテ気味です。先生もどうぞお大事になさってください。

八月十六日　　　　渡辺久遠

向山洋一先生

ここにも一人、二〇歳も年下の私に、まともに真剣に対応してくださる方がおられたのである。人生の奥行きは果てしなく広い。渡辺久遠先生を知っている方もおられよう。東京都小学校音楽教育研究会の会長で、全国小学校音楽教育研究会の会長でもあった。NHKの教育音楽番組の編成委員もされていた。音楽教育の頂点を極められた方が、この謙虚な便りである。感動するのは私一人だけではあるまい。

3　子供同士の交流

三年一組のA学級の子供たちが、学級新聞を発行した。五年生を真似してである。三年生は新聞を書いていて失敗すると、修正液を借りにきた。五年生が親切にすると、ますますひんぱんに修正液を借りに来るようになった。頼られて感激した五年生の新聞社は、修正液を買い、三年生の新聞社にプレゼントしたのである。

学級新聞作りを通しての五年生と三年生の交流である。

三年一組担任A先生の投稿（学級通信「スナイパー」一八〇号　一九七八年二月二一日）

◇先日から、三の一の子供たちが、五の一のお兄さんお姉さんに有頂天になっているのです。

ひょんなことから子供たちが新聞を書いて来ました。それを向山先生が五の一に紹介して下さり、五年生は三年生をはげます新聞を発行し、それを読んだ三年生はまた書く勇気を持ちました。

◇そして……あの劇的な場面

給食の時、五年生五人が教室に入って、三年生へ修正液のプレゼント。

三年の子供たちはかたくなって、何が起こったのか分からず、修正液を受けとりながら〝ありがとう〟の言葉を忘れるくらいびっくりしたのです。私も、もちろん何が起きたのかと本当にびっくりしました。何ともいえず美しい光景でした。
◇小学校の上級生と下級生で、一つの仕事を通してこんなにつながりあえるものなのだろうか。下級生をはげます気持ちが、私には信じられませんでした。二〇年余りの教師生活の中で初めて経験したのです。五年生が三年生の学級新聞に感動し、それを育て、もりあがらせようとする思いやりがどこから芽生えたのだろうかと……。
◇子供たちのやりとりを見ながら、はっと我にかえり、三年生に「お兄さんたちにありがとうって言わないの」と言いながら、私自身も心からありがとうと言いました。とってもうれしかったのです。じーんとあついものがこみ上げてきて年がいもなく、素直な気持ちで、五年生のプレゼントに頭が下がりました。
◇あの五年生は（私も一年間接しましたが）何か違うのです。何かと言って聞かれると、これといって言えませんが、教室に入って来た時の態度が実に堂々としていて、しかもやさしさが体中からあふれているのです。そして「修正液をプレゼントする」といったたかぶりもなくごく自然なのです。いいことはいいと認めるという先生の気持ちが五年生を通して感じられたのです。

◇この五年生をみていると、向山先生の日々の教えがどうであるかが私にはわかるのです。一枚書いてきた三年生の新聞をとりあげ、「三年生やったぞ」と素直にほめたたえる、この気持ちや行動は一朝一夕で育つものではありません。四月から、向山先生のひきつけられるような教えが、この子供たちをこんなに高まらせたのだと思ったのです。と同時に、この子供たちを通して、お母さんたちの姿勢がうかがえたのです。

子供が変化していくと同時にお母さんたちも同化されると……。

五年生の三年生への働きかけ、三年生は五年生へぐんぐんついていき、模倣から自分たちのものを作り出そうと努力しているのです。私が、あれよあれよと見ている内に、子供たちはどんどん仕事を進めていくのです。こわいくらいに子供たちは刻々と変わっていくのです。向山先生、おわかりになりますか?

◇私は今、向山先生や五年生の子供たち、そしてこの子供たちのお母さんへ心からの感謝の気持ちをこめ、「ありがとうございます」と御礼を申します。

兄と弟、姉と妹という兄弟関係もあったかもしれません。しかしそんなことは他にもあることです。五年生の子供たちがおこづかいを持ちよりプレゼントして下さった修正液でどれほど三年生は勇気づけられ、三年生なりに心の中でよろこび、新聞を書くことでお兄さんたちに修正液のお礼がいえるのだと思っているようです。

液をかかえいそいそと家へ持って帰り、またいそいそと学校に持ってくる姿を見るにつけ、私は言いつくせない幸せを感じます。本当にありがとうございました。先生から五年生のみなさんへ、そして、お母さんたちへ、私の気持ちと子供たちの気持ちをお伝えください。

4　高架のホームから向山さんを見て

全校遠足は、多摩川沿いに二時間ほど歩く行程であった。その時の私の行動を、多摩川を横切る高架ホームから見ていた人物がいた。私の中学時代の後輩で、麻雀をよくやった仲だ。その人物が便りをくれた。

向山さんの姿を二子玉川で見て

松本　淳

あれは、先週の木曜日(一一月二日)の一時ごろのことでした。東急田園都市線の二子玉川駅でぼくは「快速」を待っていました。川の上にホームのある二子玉川駅は大好きで、電車を待っている間、川をボンヤリとながめていると、心がやすらぐのです。すると川原の道を赤い帽子や白い帽子をかぶった子どもたちが小さなリュックを背負って楽しそうに歩いている光景を発見しました。ぼくも子どもたちとは関わりのある仕事をしていますので、じっと見ていました。

先頭の先生に引率されたクラスが、川原の道から、土手の向こう側の車の通る道へと先導していった時、「なぜ、あっちへ行くのかな？　川原を歩けば危なくないのに」と心配になりました。次のクラスもそれに続きました。「自主的に判断できる先生はいないのか?」と歯がゆく思っていると、次のクラスの先頭に、何とあの向山さんが歩いているではありませんか。特徴あるあの巨体は向山さんにまちがいありません。

「どうするのかな?」とながめていると、アーすばらしい！　すばらしいことに車の通る道へは向かわず、川原の道を歩いていくではありませんか。心の中で拍手を送りました。思わず大きな声で「向山さ〜ん」と叫ぼうかと思ったほどです。少しでも子どもを危険からのがれさせようとする向山さんの細かい思いやりに、日常の子どもたちへのナイーブな接し方(ふれあい)を垣間見ることができました。

でも、残念だったのは後続のクラスです。ぼくは、当然向山クラスのあとにつづくと思ったのですが、何と！　車の通る道へ進むではありませんか。ナンタルチアのサンタルチア！　がっくりです。細かい事情はわかりませんが、あの場面では、向山さんの指導が理にかなっていると思います。部外者に何がわかるかといわれそうですが、ぼくはそう確信しています。

「さすが！　向山さん」と思って拙い文をかかせていただきました。

私のささやかな行動が、偶然、目に留まったのである。河原を歩いていくと、前途に柵があった。それで先頭クラスは一度土手を越えて車道に出たのである。私は柵が見えたとたん「河原の道をさえぎっているのはおかしい。境界を示すための柵なのではないか？」と思って、先頭の子を走らせた。調べに行かせたのである。案の定、柵の右側は開いていた。つまり、川に沿って道があり、そこは通れるようになっていたのである。それで、私は、車道を通るのをやめ、河原の道を歩いたのである。もともとは、河原を歩く予定だったのである。

しかし、続くクラスは、再び車道の道を選んだ。この時の私の行動が正しいのかどうか断定はできない。もしかしたら、車がビュンビュン通る車道を歩かせた方が、全校的立場から見て正しかったのかもしれない。また、柵の右側の道を発見した段階で、後続クラスに連絡をすべきだったのかもしれない。しかし、ことは小さな小さな出来事であった。柵を越えてから、また、全校で河原の道を歩いたからである。ただ、当時の私は、高架の上から見ていた松本君と同じように、車道を歩かせるのは危険が多いと判断したのである。

第8章

古い文化と教師の仕事

1　匿名の投書と周囲の批判

大森第四小学校で七年間をすごし、調布大塚小学校に転任した時のことである。誰でもそうであろうが、転任すると目にするものが何かと気にいらない時がある。逆に前からいる先生方も、新任の教師が「なまいきだ」と思う時がある。

私は転任して五年生の担任になり、四月六日には、学級通信第一号を発行した。もちろん、学年の先生方には、「学級通信を発行するつもりです」と前もってお断わりしておいたのだが、これだけで「なまいきだ」になったらしい。というのは、それまでは、調布大塚小では、学級通信を発行した人がいなかったからである。発行しようとした若い先生方はいたのだが、一部の古い先生方に止められたという。止められてしまった若い先生方の一人、K先生は、さっそく私のところへ来て「こんなにかんたんに、学級通信を出せるなんて、くやしいな」と、感想を述べていた。私の前任校では、ほとんどの教師が学級通信を発行していたから、私には発行することが日常的な教育活動だった。

しかし、調布大塚小の教師にとっては、それは、非日常的なことであったのである。これをはじめとして、いくつかのことでぶつかりあったことがある。たとえば、「授業中に廊下で立たせる」行為に対して私は批判的であったし、忘れ物をした子に、プラカードを下げさせる方法にも批判的であった。そんなことをする人は、二人か三人だったのであるが、「自分はよいことをしている」と強く思っている人だったから、時々私とぶつかった。私は、何回か公的な場で批判をしたからである。そんなある日、校長あてに投書がとび込んできた。次の内容である。

雪谷大塚「大塚山人」より

誠に無躾けな匿名の手紙、お許しください。理由は後程述べます。

貴校では、忘れ物をするとプラカードをつけさせる罰則を与える先生がゐらっしゃることは聞き及んでゐましたが、他にも波及する傾向が出てき、憂慮に堪えず申し上げる次第です。貴校の教育方針は、さういふ小事を奨励されるのか。一体他の教員や校長、さらには組合は、何を考えてゐるのか。教師間には意志疎通、自律的統制、研修等はないのだらうか。一方では先進的な試みに対しては、すぐに足をひっぱるのに、悪しき実践は、させとけとばかりに拋置する三反百姓なんだらうか。校内で誰も問題にしない状況こそ頽廃ではなからうか。

本題に入るが、忘れ物はよくない。本人だけでなく、みんなが困り教育の成果を上げらせず、教師を焦慮させる。何らかの罰則も必要であらう。それは専門職の人の討議に俟ちたい。ただ教基法前文、一条、二条、学校教育法十一条、言ひたくないが児童福祉法一、二、三、三四条をも考慮に入れたものであって欲しい。体罰でさへ原則として禁じられてゐる学校で、「さらし者」（中世的人権蹂躙だ）全校的なさらし者にする感覚は身の毛のよだつ思ひだ。教育の基本は人間をつくること、人間を尊重する事だ。捕虜収容所や刑務所ですら、曝し者にするやうな人格を傷つける行為は許されてをらない。そもそも子供は興味ある事柄を忘れるだらうか。運動会の日の、弁当を忘れるだらうか。忘れ物が多いといふことを単に子供の責任にだけしてよいのだらうか。（子供に関心がでてきたら決して忘れ物をしない筈だ。するのはつまらない教へ方にも責任がある。）教師にもその責任の一端がある筈だ。一体、他を評価することは自己評価にかへってくる筈だ。はっきり言って忘れ物の多いクラスの教師は、自己の責任を感ずべき筈だ。プラカードは自己宣伝、自分を曝し者にしてゐることだ。

私の不思議でならないことは、貴校では教員間では血の滲むやうな教研、相互批判、連帯はなく、よくいへば一国一城、悪くいへば隣の不作を喜ぶ封建農奴で、隣は何をする人ぞといふ訳か。クラスの中では、みんな仲よく協力しとか、正しいことは堂々と主張しようと称する教師が仲間の中では一体何をしてゐるのだらうか。子供も駄目にならうさ。言葉が無礼にわたったことをお許し願ひたい。できるだけ簡潔にしたかっただけです。

さて私が匿名にしたのは内部的に討論し善処して欲しいからです。現場の先生方を信頼するからです。もし不幸にして改まらないならば、私も名乗りを挙げ、教師をも名指しで、教委、新聞、教育雑誌にこの暴状を訴える覚悟です。子供の人格を尊重しつつ、忘れ物をなくしていく方法で是非討論してほしい。結論はすぐに出ないにせよ、安易にプラカードなんて短絡したやり方でないものを考へてほしい。過程も大切なんだから。本当に日本の教育を教師に対する信頼を、私は最後まで持ち続けたいのです。

最後に一言。

玄関を入った所の掃除はあれは何ですか。水をまくか何かしないと子供の健康に非常に悪い。子どもに気の毒ではないですか。保健の先生もよく注意して下さい。

さて一体、誰宛にすればよいのか。

校長先生　教務主任　職員会議

要するに全教員のみなさまに読んで戴きたいのです。

没にして、何等改善のない時には、あるゆる手段を考へるつもりでございます。

昭和五十三年二月十一日　大塚山人

この投書はプリントにされ、職員会議で配られた。校長先生から、注意もあった。ところが、職員会議が終わった後、あれは「向山が投書させたのだ」と、当事者とそのまわりの人が言い始めた。

というのは、投書が届いた前日に、私が職員会議でこの問題をとりあげ、発言していたからである。しかし、その時は、平行線をたどっていた。だから、しゃくにさわった私が投書をさせたというのである。校長がむきになって「それはちがう」と言ったという。「大体、消印が合わないではないか。職員会議で向山さんの意見が通らないから投書させたというのであれば、この手紙はもっと後になって届かなければならない。逆に、はじめから、向山さんが投書させたというのであれば、あれほど職員会議でがんばらずに、黙って投書が届くのを待てばいい。いずれにしても、向山さんと投書は関係がない」

もちろん、私はこの投書とは関係はないが――変なことを変だと思う人は世の中にはいくらもいるのだから――私が投書をさせたという言動は黙ってはおられない。何人かの先生方が止めるのをふり切って、翌日の朝会で、私は次の提案を印刷して配布した。

職員会議への一つの提案　向山洋一　一九七八年二月一五日

昨日の大塚山人の手紙が大きな波紋をよび、さまざまな論議をよんでいるようです。私は、大塚山人氏がいわれるような、自律的作用のない学校ではないと考えながら読んでおりました。ところが、一部に「あの手紙は向山が書かせたものである」という意見があるのを聞き、びっくりしました。私は、この学校に来て、意見の違いをかくしたことはないように思っています。そして私は、今迄に正面から論争したり批判したりする方法はとってきたけれど、かげで何かをするようなことはなかったと思っています。姑息な手段は、けっきょくのところ駄目になると思っているからです。

私は、皆さんも御承知のように、教育のある方法に対して批判を持っておりますし、そのことをかくしませんでした。しかし、そのことは、調布大塚小学校の同僚としての節度と「もしかしたらそれでいいのかもしれない」という分を守ってきたつもりでおりました。意見の違いは、あってあたり前だとも思っているのです。

しかし「大塚山人に向山が書かせたのだ」ということを本気で考えられている人がいるのでしたら、話はちがってきます。私のことを、そのような姑息な手段をとる教師であると考えられることに黙っていられるほど、私は年をとってはおりません。そこで提案します。全力をあげて、大塚山人氏をさがし、お話をうかがうことをです。事態がかわらなければ、名乗るといっているのですから、それも一つの方法です。何らかの方法でよびかけてみるのも一つの方法です。大塚山人氏に出てもらえば、私と全く関係のないことが、明々白々になるはずです。そして、有益な意見を聞けるはずです。（賛否は別としてです。）

私は、いささか失望しているのです。自分たちの教育への批判（大塚山人氏は、調布大塚小の全職員を批判しているのだと、私は考えます。）を、そのような次元の低い、格調の低い形で考えられる人がいることに対してです。私は人間の尊厳はもっとあるものと考えておりました。

あらためていいます。私の提案は、何らかの方法で、大塚山人氏をさがし出すということです。

文中で批判をされた方が、「あれは、向山がさせたのだ」と、お考えなら、事態を改善しないといいと思います。そうすれば名乗り出ると言っているのですから。その時は、公の問題になります。

しかし、そうならないことを願っております。つまるところは、より価値ある教育を創るために、みんなで一人残らずの知恵を出しあっていきましょう、ということなのです。批判も反批判も、お互いに謙虚に聞きあえる職場にしていきましょうということなのです。それが、私たちの仕事に対する責任ある態度だと思うからです。

この後、首からプラカードを下げる方法は、学校からなくなった。他の体罰も急速に少なくなった。

子供に価値ある教育を創ろうとする教師が努力をすればするほど、その成果が出れば出るほど、一部の同僚との摩擦が生じる。

それは、いかなる職場でも、勉強が嫌いで、努力もあまりしない人間はいるからである。教育雑誌を何冊も買い、その時々の教育の主張を知り、研究授業に努力を傾けている人は、むしろ少ないといっていいだろう。

一方、人間というのは、誰でも「自分はたいしたものだ」と思っているものである。「自分こそは、優秀な人間だ」と思っているものである。

あのカポネでさえ、監獄の中で「俺は何も悪いことはやってない。人のためになることだけをやったのだ」という。

だから、まじめに努力をし、教育界の前進のためにいささかの努力をしようとする人は、「努力もせず、勉強もせず、そのくせ自分はたいしたものだと思っている一部の人々」から攻撃を受ける。

そういう人々には、まじめに努力をし成果をあげている教師が目ざわりでしかたがないのである。

しかし、価値ある教師というのは、「子供」や「親」が必ず見ていてくれる。よければ、必ず支持してくれる。

どれだけ教育界がひどい時だって、日本のどこかには優れた教師は誕生していた。

それは、「教育の現場」こそが、「子供の力を伸ばしていく」ための教師の闘いの最先端であるからである。

高い志とまじめな努力があれば、必ず結果は子供に表れる。それを親は見ている。かくして、教育の現場は優れた教師を誕生させ、それを子供や親が支持するという関係はいかなる時代にも生まれ続けた。

しかし、そのためには、いささかの摩擦は覚悟しなくてはならない。

私もまた、いくつかの摩擦をくぐりぬけてきたのである。

私のいた学校は、決して特別なものではなく、読者の方々の学校と同じなのである。

摩擦に出遭っている人は、どうか気をおとさずに、それに耐え、それをのりこえていってほしいと思う。

摩擦がある時、とる方法は口を荒げてケンカをすることではない。もっともっとすばらしい実践を創り、子供や親のより一層の支持をいただくことである。

教育界には、すばらしい教師も多い。

「ねたみ」「やっかみ」をする人ばかりではない。

本当に教育のことを考え、次の世代の教師に期待している先輩もいる。

子供や親の支持を得た教師は、そうした優れた先輩の共感・共鳴・支持を得ていくと思う。

「子供に価値ある教育を創ろう」という志は、それを願い実践する教師の共通の仕事である。

私もそんな仕事を続けていきたいと思う。

2　石川正三郎氏の仕事観

石川正三郎氏のことを述べてみたい。前の調布大塚小の校長であり、大四小の校長であった人である。私は校長という役職の人は好きではない。むしろ嫌いといった方があっている。上に弱く、下に強いというイメージがあるからである。むろんそうでない人も多い。そうと知っていても好きになれないのである。

石川先生は、私が教師をしている以上、第一になつかしく、あたたかく想い出す人である。理屈ではない、大好きなのである。彼はどんなことでも許してくれたし、よいものは認めてくれたからである。

昭和四三年、私と石川先生は大四小に赴任した。私は新卒の教師として、彼は新米の校長として……。「教育という形をとる実践なら、私はどのようなものでも認めます」ということを常々言っていた。若い教師が多いせいもあって、いろいろな形の実践が行われた。よいものもあったし、わるいものもあった。しかし、自由な空気はあり、討論もさかんであったから、わるいのはみんなにたたかれ、修正されていった。

石川先生は、誰かれとなく飲み屋にさそった。毎日のようにであった。それも、場末のさびれた店にであった。教育のことしか話さなかった。学生時代、学生運動をやっていた連中が多かったから、彼のことを相手にしない人もいた。しかし、彼は決して投げなかった。三時間でも四時間でも、話を教育のことにもどし、話し続けた。

私は、石川先生のそういう姿が好きだった。飲んでなお教育のことしか話さない教育人であり、人のことをどこまでも信じようとするお人よしであった。非権力的な心をもっている人であり、行動で示そうとした人だった。「俺は弱い人間だから、限界がある」と私によく言っていた。職員会議ではよく論争した。公的な場では二人ともゆずらなかった。口を荒げてケンカしたこともあった。そんな時でも彼が好きだった。「今ごろは、私と同じ淋しいおもいをしているのだろうなあ」と会のあと思った。

私は石川先生によく言った。「教育の技術じゃ何も教わっていません。私の方が腕は上でしょう。石川先生から教えられたのは教師魂です。私はごうまんですから誰も師とはよびませんが、石川先生だけは、私のことを弟子と思ってけっこうです。そして、教師の世界に私という教師を一人育てられたことだけで満足していただけると思うのです」

今から考えるとずいぶんとごうまんで、全くもって思い上がった言い方である。でも彼は喜んでくれた。教師魂こそ、彼から受けついだものであった。それも飲み屋で……。

もう一つの思い出がある。石川先生から手紙をいただいたことがある。学級通信「スナイパー」を読んでの感想である。

スナイパー読ませていただきました。読み進むほどにメガネがくもり困りました。小生も、大分老いたか涙もろくなって困ると思っていましたが、そうじゃあないんだよね。人と人とがひびき合って変化していく、新しい状態を造っていく姿、こりゃあ美しいよ。感銘するのがあたりまえ、汗と涙でくしゃくしゃになりながら、一気に読了した。

さて感想だが、読み手が低俗だから感想が低俗になるのは当然だ。しかしこの実践記録の価値をきずつけることでは毛頭ないので、安心して低俗感想を述べることにします。

第一。「諸君の一人残らずをかしこくしてやる。できるようにしてやる」と宣言できるすばらしさ。その実践のすばらしさ、驚歎あるのみ。そりゃあ、教師なら誰だって心情的にはそう思っているに違いないと思う。それが「可能性を信ずる頑固さと、それを具現化する執念」の足りなさによって、実践面では1/3のオチコボレをつくってしまっていることに、普通はなっている。しかたがないと思っているからでしょうか「お宅のお子さんは基礎ができてないから塾にやってください」と、現場の教師が堂々と言っているそうです。それも数が多いのか、よく耳にします。

第二。本ものの教師、プロの教師は数が少ないということです。今朝もテレビで子どもの主張というのを聞いていたら、中学生でしたが「ぼくたちにあれほどきびしく交通道徳を言っていた小学校の先生が、平気で歩道橋の下を横断していた。ぼくは矛盾を感じた。云々」と言っていました。まあ一般にはウソと形式と体裁の教育をして、これでいいんだと思ってる教師が多すぎるんだよ。だから本ものは目立つわけだが、手放しで喜んでばかりいられない気がする。

第三。五〇号の結びのところ、すばらしい。「教師としてのぼくは、そのもてる力量のすみずみまで、幹も枝も小枝もそして葉っぱも、葉っぱの先についたチリクズまで点検され問いつめられたことは今までになかった。一番かわったのはぼくだ、教師自身だ」なるほどそうだろうと感動する。一方、子供の側に立って「一番かわったのはぼくだ」と子供の一人一人がそう思ってもさしつかえないだろうと思う。「教師になったのは自分自身のためで、自分の存在感が実感できると思ったからである」全くその通りだと思う。その結果、子供に良かった場合もあるかもしれないと従にとりあつかっているが、ここがよく分からない。教師自身のためとその営みの結果とは一にして二、二にして一なるものではないでしょうか。ここらあたり、拝眉の折、語ってください。

読了後キラキラしたものが頭の中にあったのですが、一晩たって文にしてみたら何と通り一ぺんの低俗感想。乞、おゆるしを。小生も「姿老いても心は老いぬ、なけよ信濃のきりぎりす」のつもりでがんばります。

3　教師の仕事とは

筆をにぎって一時間、けっきょく何も書けずに投げ出してしまうことが私にも(は)ある。他人の仕事のあたたかさ、こまやかさに胸うたれ自分の仕事のつたなさを恥じる時もある。すてきな人との出逢いに胸ふくらませることもあれば、人のいやらしさに怒りでふるえることもある。仕事につかれた後で、時間を空費することだけが目的で、パチンコに何時間も熱中する時もあれば、マンガを読みあさることもある。

しょせん、浪花節の人間であり、低俗でトンチキな人間なのだ。

教育は舞台芸術に似ている。映画や文学や絵は、残すことが可能だが、修正も可能だが、教育はそうではない。線香花火と同じで、すぐに消えていってしまうのである。なくなってしまうのである。卒業生三代目の教育は、かつての二年間しか存在しなかった。現在、どんなに手を尽くしても再現することはできない。むろん個々人とのつながりはあり、それはご承知のとおり現在も生きている。しかし、それは三代目の集団が展開したドラマチックな教育とはちがう。卒業式、最後の通信「エトセトラ」に「六の二の教育は終了され」という一文に、「ここに六の二のすべてを終わる」と書いたのもそうした意味である。

この「五の一」の教育も、当時はあと一年数カ月しか存在しないという思いであった。やがて、「私をぬくほどの人間に、私たちの生活を単なる過去とするような、そんな豊かな人生を創れ」と言って追い出すことであろう。子供たちへの教育は、永遠《とこしえ》に存在し、続くものではない。

教育とはそういうものである。一回限りで消えていく宿命をもっているものである。いつまでも、べたべたした関係を存続させることではなく、教師をぬくほどの人間を育てることである。消えゆくものでありながら、のりこえられることを願いながら、なお必死になる教師の淋しさを、分かっていただけるだろうか。私は、消えていく芸術に、命を刻みながら、神経をはりつめ、立ちむかう。のりこえられまいとし、のりこえられるに値する教師になるために必死に努力をする。人生は遊びではないのと同様に、教育はママゴトではない。「すべての分野で先生にかなわない。いつの日か一つの分野でもぬけるだろうか」と三代目のある子は残していった。

この五年生のクラスでも、たくさんの人間が変わった。よく耳にもする。「子供が変わりました」と。誰が一番変わり、誰が一番成長したのだろうか。これだけは自信をもって答えられる。一番変わり、一番成長したのは私だった。教師自身だ。教師としての私が、そのもてる力量のすみずみまで、幹も枝も小枝も、そして葉っぱも、葉っぱの先についたチリクズまで点検され、問いつめられたことは、今までになかった。私は教師として、さらに成長したのである。

教育の年代論を考えている。

昭和一〇年代　それは狂気の時代であった。悪魔に良心を奪われ、教え子を戦場にかりたてた教師が幅をきかせた時代であった。ために、戦後、教壇を去った人もいた。

昭和二〇年代　それは情熱の時代であった。狂気の鎖をたちきった教師たちは、人間性の復権に立脚した教育を開始した。「村の一年生」「学級革命」などの優れた実践が輩出された。その中心になったのは青年教師たちであった。

昭和三〇年代　それは、科学の時代であった。情熱だけの教育では「学力が低下」すると言われ、教科書の内容が大幅に修正された。文部省が教育内容を統制したのもこのころであった。それの強化と共に落ちこぼれが激増していった。

昭和四〇年代　それは素人の時代であった。あまりの教育のひどさに怒りを感じた人々が発言した時代であった。そのきっかけは、九州のある父親がテレビで通知表の五段階相対評価がおかしいと、文部大臣に言ったことから始まり、文部大臣が「パーセントは決めてない」と回答したことから広がっていった。各新聞社は、教育欄を新設し、それが当たりに当たった。

昭和五〇年代　それはプロの時代であると思う。教師の中のプロというか、本物のプロというか、そういう時代である。高度成長の祭りの大はしゃぎの後、本物が見直されるという時代に入ったのだと思う。

私の学級通信「スナイパー」は、そうした昭和五〇年代の状況に対する、一教師の自己主張である。ここにもまた、プロの教師たらんとする者がいるという……。

そしてプロの時代の帰結として、法則化運動、そしてＴＯＳＳが誕生した。

教育とは個別的なものだ。それは子供たちの一人一人が個別的ということのみではなく、教師の一人一人にとっても個別的である。集団としての教育も、科学としての教育も、この個別的な面を通らねば何にもならないのだと思う。個別的とは、自分の生きざまに居なおって、やけにどぎつく生きることだけではなく、何かを得、何かを習得していく過程に、より個別性は要求されるのだと思う。その個別的な努力の厳しさによって芸にまで高められた教育の方法が生み出されるのだと思う。芸とは技術が純粋に昇華された状態であり、一〇〇人が一〇〇人すべて同じものはない。その人の芸なのである。そうした芸が教育の中にあるのであり、必要なのではないかと思うようになった。といって、私は芸が生み出せるほど自分に厳しくはなれないが……。

やがて子供たちは、私のもとを離れ、ちがった世界の中でちがった人々と出会い、自分を彫りあげていく。それは私とはちがう一人一人の世界である。そうでなくては、人間は実につまらない。だから、教育は感傷的であってはならない。現在の場にしか教育は見出せないのだと思う。そうしなくては教育はありえないからこそ、教師は最も教育的な所で寂しさを感じる。

私は、教師を選んでよかったとずっと思い続けてきた。それは、幸せなことだった。

解説

あの時、見えていなかったこと、読み直してわかる教師の生き方と哲学

兵庫県篠山市立城南小学校　川原雅樹

新卒二年目、五年生担任だった。学級は荒れていた。一人の男の子がボスにいじめられ、学校を休みがちだった。藁をもつかむ想いで本書を読んだ。折り目が付いたのは一カ所だけ、４＋２、４ｍ＋２の実践部分のページであった。大切なことが見えなかったのである。

今、読み直すと新たなことが見える。次の五点である。

1　スナイパーの意味・匿名の投書からの教師の生き方
2　跳び箱の教育的意義からの授業観
3　発達障害と精神科医の言葉
4　裏文化の重要さ、ダイナミックさ
5　子供のことを一番にする教師の仕事観

Ⅰ　スナイパーの意味・匿名の投書からの教師の生き方

スナイパー。向山氏の学級通信の名前だ。向山氏自身が書かれているスナイパーの意味がそのまま私自身の教師の生き方の指標となる。

> スナイパーは狙撃兵の意である。ターゲット〈標的〉は何か。自分自身と教育の実態すべてである。（中略）自分の弱さを射続けることこそ（中略）自分に課した責務である。

改めて自分自身を射続けることを自分に課そうと思った。読み直すたびにそう思うだろう。ここに向山氏自身の強さがあり、後世に生きる教師へのメッセージともなっている。教師の生き方は、本書後半の「匿名の投書」からも読み取れる。忘れ物をした子にプラカードを持たせることへの保護者の投書だ。向山氏がこの保護者に手紙を出させたのではないかと職員の数人が話していた。自分なら何もせず時が流れるのを待つだろう。しかし向山氏は文書をもって反論した。「人間の尊厳」まで記された文書だ。結果、学校からプラカードを下げるような実践はなくなった。

「正直に、信念を持ち、強く生き、論争する」本書から読み取れる教師の生き方である。

2　跳び箱の教育的意義からの授業観

「跳び箱なんか跳べなくてもいい」と聞くことがある。しかし子供にとっては大問題だ。

向山氏は次のように述べている。

> 私にとっての跳び箱の教育的位置は多少ちがう。（中略）子供と私は、一歩進むのさえ全力を傾け、全精神をすりへらす。（中略）教師のプロとは、その一歩を進ませられるかどうかなのかだと思う。

その後、跳び箱を跳んだ子供たちの波及効果に言及している。一年で一音だけ言葉を発声できた養護学校の実践を向山氏は述べることがある。教室の中の全ての子供たちのほんの小さな一歩のため私たち教師は存在する。その努力は惜しまない。これが跳び箱実践から学んだ私の今の授業観である。

3　発達障害と精神科医の言葉

本書の初版発行は一九九〇年である。そこに次の記述が出ている。

どの人間も発達要求はあり、発達障害もあり（中略）発達障害、それは誰にもある。

特別支援教育を言い出す前、向山氏は発達障害という言葉を用い、しかも誰にでもあると断言している。今だからこの考えは当たり前になってきた。二〇年以上前、一つの症状として発達障害をとらえていることに驚く。関連し、精神科医の次の言葉も凄い。

九九％裏切られて、なお一％に賭けるのが精神科医だ。

前述した「スナイパー」や「跳び箱」の記述につながる。その後、本書は成長曲線の話となる。これもまた現在ではエビデンスのある話だ。当時から向山氏は実践的であり、そして科学的・医学的でもあったことに驚かずにはいられない。

「4　裏文化」「5　仕事観」は紙幅が尽きた。前者は子供の企画書と「ばくちの友」が凄い。後者は「子供のことより大切である忙しさ等、あるはずない」の言葉に尽きる。

本書は一貫して、教師の生き方を、これからも私自身に問い続けるだろう。

子供に話したい話がたくさん収められた一冊

石川県公立小学校　岩田史朗

本書の中にある、この文章が大好きだ。

> スナイパーは狙撃兵の意である。ターゲット〈標的〉は何か。自分自身と教育の実態すべてである。私は、弱く、甘く、未熟な教師だ。その自分の弱さを射続けることこそ、この稼業で渡世する自分に課した責務である。

何度読んでも、読むたびに、自分の教師としての姿勢が試される気がする。

しかし、初めて読んだときは、この文章の厳しさが全く分かっていなかった。

自分自身と教育の実態すべてを射続けることを本気で意識したのは、ある不登校の子を担任することになったときだった。

ある年、小学一年生のころから、ずっと不登校だった子を担任することになった。その子は、学校に来ても、教室に入らず、職員室で時間を過ごしたり、校内をぶらぶらしていた。何かをさせようとすると、「イヤイヤ」と連呼し、しようとしなかった。この子との一年間は、毎日が自分自身の弱さとの闘いだった。

「もう十分やった。」

そんな思いを何度も持った。

しかし、その度に、冒頭に引用した文章が頭によみがえった。

そして、その度に、自分を奮い立たせてくれた。「自分自身の弱さを射続けることが教師としての責務なのだ」と。

本書は、自分自身の弱さに負けそうになるときに、勇気をくれる一冊になるだろう。

また、この文章を読んだ時、頭をガツンと殴られた気がした。

> 一人の子供の成長は、クラス全員の成長につながる。それが教室である。一対一の教育では得られぬものが教室にはある。(中略)私は、そのような各自の障害、またはいわゆる「問題児」こそ、クラスの前進の源であり、宝であると考えている。

教師になりたてのころ、「問題児」に手を焼いていた自分は、恥ずかしながら、全く反対の考えだった。

だからこそ、この文章を読んだ時、頭をガツンと殴られた気がしたのだ。

そして、この文章に書かれているように「問題児」を宝にできる、そんな教室をつくるために、教師修業に励むようになった。

先程のずっと不登校だった子も、いわゆる「問題児」だ。結果から言えば、この子は、一年間、一度も欠席しなかった。皆出席だった。学校に来るだけでなく、教室に入って、授業を受けることもできた。

しかし、この子は、授業参観の時は、ずっと保健室で過ごしていた。保護者に囲まれて授業を受けることは、この子にとって、きわめて高いハードルだった。

ただ、最後の授業参観で奇跡が起きた。何と、自分の座席で授業を受けることができたのだ。行った授業は、向山先生の「一画たして別の漢字をつくる」の授業だった。

配付したプリントに並んだ漢字に一画たし、別の漢字ができたら持ってきなさいと指示した。この子は、ちゃんと持ってきた。保護者がズラッと見守る中で、持ってきた。「大」に一画たし「犬」としていた。

「○○君、すごいなあ！　正解だ！」

そう力強くほめた。この子は、「しー」と指で口を押さえた。でも、とってもうれしそうだった。「一画たして別の漢字をつくる」の後は、「口に二画」の授業を行った。ここでも、三つ自分の力で書いた。結局、四五分間、最後まで授業を受け続けた。とっても楽しそうだった。この日の授業参観のことを、日記に書いてきた子がいた。

> 今日、びっくりしたことがあって、私のとなりの席のAさんが、授業参観に参加していたことにびっくりしました。Aさんは授業をしっかりしていました。本人も「こんなの初めてだ。」と言っていました。Aさんが参加していて、私もがんばれたので、今日は成長できた一日でした。

教師修業に励んできたからこそつくることができた事実だった。

本書には、他にも自分を支えてくれる文章、自分の指針となる文章がたくさん収められている。

「愚直の一年」や「成長曲線」、「成長の条件」や「向山の仮説」等、子供達にぜひ伝えたい。

五年生を担任したときだけでなく、どの学年を担任した時でも、手元に置き、繰り返し読みたい一冊である。

学芸みらい教育新書 ⓬

小《しょう》学《がく》五《ご》年《ねん》学《がっ》級《きゅう》経《けい》営《えい》
子《こ》供《ども》の活《かつ》動《どう》はははじけるごとく

GAKUGEI MIRAISHA

2016年1月15日　初版発行

著 者　向《むこう》山《やま》洋《よう》一《いち》
発行者　青木誠一郎

発行所　株式会社学芸みらい社
〒162-0833 東京都新宿区箪笥町31 箪笥町SKビル
電話番号 03-5227-1266
http://gakugeimirai.jp/
E-mail：info@gakugeimirai.jp

印刷所・製本所　藤原印刷株式会社

ブックデザイン・本文組版　エディプレッション（吉久隆志・古川美佐）

落丁・乱丁は弊社宛にお送りください。送料弊社負担でお取り替えいたします。

ISBN978-4-908637-04-9 C3237